## Mittelpunkt

Welcher Stern
ist im Mittelpunkt
des Himmels

Erde
nicht du

Aber du
Mensch
bist Mittelpunkt
der Erde

*Rose Ausländer*

Dieses Buch ist für

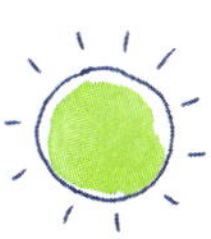

Es soll dir Spaß machen und nimmt dich ernst.
Es ermutigt dich und fordert dich heraus.
Denn du bist einmalig – du bist gefragt!
Wie jeder Mensch bist du Mittelpunkt der Erde.

**Rainer Oberthür**, geboren 1961, lebt mit seiner Frau in Aachen und hat zwei erwachsene Kinder. Er ist Dozent für Religionspädagogik, Grundschullehrer, Autor zahlreicher pädagogischer und religionspädagogischer Praxishilfen und stellvertretender Leiter des Katechetischen Instituts des Bistums Aachen. Immer wieder ist er begeistert über die Klugheit und Fantasie von Kindern. Aus dieser Erfahrung schrieb er viele erfolgreiche Bücher »für Kinder und alle im Haus«, zum Beispiel eine Kinderbibel und »Das Buch vom Anfang von allem«.
Mehr Infos: www.rainer-oberthuer.de

Rainer Oberthür

# NELES
# großes Buch

## Neles Buch der großen Fragen

und

## Neles Tagebuch

Kösel

MIX
Aus verantwortungsvollen Quellen
FSC® C005833
FSC
www.fsc.org

Verlagsgruppe Random House FSC® N001967

2. Auflage

Neumarkter Str. 28, 81673 München
Umschlag: Weiss Werkstatt, München
Umschlagmotiv und Illustrationen: Mascha Greune, München
Satz: Uhl + Massopust, Aalen
Druck und Bindung: Těšínská tiskárna, Český Těšín
Printed in Czech Republic
ISBN 978-3-466-37187-7

www.koesel.de

Rainer Oberthür

# NELES BUCH der großen Fragen

## Eine Entdeckungsreise zu den Geheimnissen des Lebens

Kösel

# Erster Vorhang auf!

## Am Anfang war der Urknall und heute bist du auf der Welt.

Du kannst mit deinen Gedanken und Gefühlen, mit Herz und Hirn zurückgehen an deinen Anfang, an den Anfang der Menschheit, an den Anfang der Erde, an den Anfang des Universums.
Du kannst darüber staunen, dass es dich gibt,
dass es die Menschen, die Erde und das Weltall gibt.
Du kannst fragen, woher das alles kommt,
warum es nicht nichts gibt,
und wirst dabei auch die Frage nach Gott stellen.
Bei all dem will dir dieses Buch helfen.
Du findest Geschichten, Bilder und Gedichte zu
deinen Fragen und Gedanken.
Vor allem findest du hier die Gedanken eines Kindes,
das diese Fragen immer wieder stellt,
das mehr herauskriegen will, denn es ahnt:
Je mehr wir über uns, über die Welt und über Gott wissen und erfahren, umso besser können wir nach uns und Gott fragen, umso besser können wir entdecken und verstehen, wer wir sind und was auf dieser Welt wir suchen.
Wenn du die Geschichten, Gedichte und Gedanken liest,
fangen sie an, miteinander und mit dir zu reden.
Wenn du das Buch mit einer Freundin, einem Freund,
deiner Mutter oder deinem Vater liest,
werdet ihr gemeinsam ins Nachdenken
und vielleicht ins Gespräch darüber kommen.
Deshalb frage, denke und staune:

Am Anfang war der Urknall
und heute bist du auf der Welt …

# Raumfahrer

Im Weltraum schwebt ein blauer Ball,
der Ball ist unsere Welt.
Die Erde ist ein Ball im All,
der nicht zur Erde fällt.
Im schwarzen Weltraum schwebten wir
verlassen und allein,
schwebte nicht der Himmel mit,
der schöne blaue Schein.

*Reiner Kunze*

# Zweiter Vorhang auf!

## Darf ich mich vorstellen: Ich bin Nele.

Ein Kind in den besten Jahren, wie Papa immer sagt. Ich bin das Kind, das sich kreuz und quer durch dieses Buch denkt. Meine Gedanken kreisen um das, was ich **mir vorstelle** in meinem Leben auf dieser Erde, und darum, dass **ich** überhaupt **bin**. Das ist nämlich etwas, was ich ziemlich sicher weiß. Es gibt mich. Aber woher, warum, wozu und wer bin ich? Da wird es schon schwierig.

Du merkst, ich denke gern über solche Fragen nach, lese viel und rede mit Mama und Papa und Freunden darüber. Und manchmal schreibe ich auf, was mich beschäftigt (wie es dazu kam, erzähle ich dir gleich). In solchen Momenten kommt mir die ganze Welt wie eine einzige große Frage vor.

Ich kann die Menschen nicht verstehen, die so tun, als wäre alles klar auf dieser Welt, als gäbe es keine Geheimnisse, als wäre die Erde und das Leben auf ihr flach wie eine Scheibe. Ich denke lieber auch in die Höhe, in die Tiefe und im Kreis. Weißt du, warum der Kopf des Menschen rund ist? – Damit das Denken auch mal die Richtung wechseln kann.

Also denke mit mir!

Stell dir vor: du bist –

nur einmal und einmalig auf der Erde!

Vor einigen Monaten hat mir Papa von einer Reise nach München ein Buch mitgebracht. Auf dem Einband sind die Erde und der Mond im Weltall zu sehen. Vor einem Meer von Sternen rollt riesig eine wunderschöne Weltkugel ins Bild. Erde und Mond strahlen im Licht der Sonne und haben auch eine dunkle Seite. Über Afrika ist Europa zu erkennen. Also bin auch ich auf diesem Bild.

Als ich das Buch aufgeschlagen habe, muss ich ziemlich ratlos geguckt haben: Alle Seiten waren leer. Dieses Buch wartete noch darauf, geschrieben zu werden. Papa meinte: Es wartet auf dich! Du kannst es erlösen, es füllen mit Buchstaben, Worten und Sätzen, denn dafür ist es doch gemacht. Ich habe nur gelacht. Ich und ein Buch schreiben – ich bin doch keine Schriftstellerin!

Seitdem steht das Buch bei mir im Regal. So wie heute, am ersten Tag des neuen Jahres, hole ich es manchmal heraus, lege mich auf mein Bett und starre auf die schneeweißen Seiten. Was sollte ich auf dieses Papier schreiben?

Ich bin dann wohl mit meinem ungeschriebenen Buch auf dem Bauch eingeschlafen und hatte einen seltsamen Traum: Es war Nacht. Ich lag auf einer Wiese. Über mir stand der Vollmond, weit und breit um mich herum war kein Mensch. Ich schlief untermeinem Buch. Das Buch aber war gewachsen. Es war genauso groß wie ich und bedeckte und wärmte mich wie eine Bettdecke. Es sah aus, als wäre ich das lebendige Lesezeichen meines Buches. Das Merkwürdige war: Obwohl ich in meinem Traum ja schlief, konnte ich mich selbst unter dem Buch sehen. War ich im Traum jemand anders, der mich unter einem Buch sah, während ich träumte? Oder träumte ich im Traum, dass ich mich selbst anschaute, während ich schlief? Ich fühlte mich auf eine schwer beschreibbare Weise mit dem Buch über mir und mit der Erde unter mir verbunden. Als wäre im Buch schon all das enthalten, was ich denke und frage und bin – als horchte ich auf den Herzschlag der Welt wie auf mein eigenes Herz.

Als ich wieder wach wurde, nahm ich dieses Bild aus dem Traum von mir zwischen Buch und Erde mit in mein Leben. Jetzt ist mir ganz klar, worauf die leeren Seiten warten: auf meine Gedanken, auf das, was ich erfahre und erlebe, was mich beschäftigt und bewegt. Weil ich immer noch nicht weiß, ob ich das alles so gut aufschreiben kann, nehme ich Gedichte und Geschichten von anderen hinzu, die mir gefallen und mir beim Denken helfen. Ich weiß aber schon, wie mein Buch heißt: *Neles Buch der großen Fragen.* Und nun fange ich an zu schreiben:

Vor einigen Monaten hat mir Papa von einer Reise nach München ein Buch mitgebracht. Als ich es aufgeschlagen habe, muss ich ziemlich ratlos geguckt haben: Alle Seiten waren leer. Jetzt schreibe ich Seite für Seite. Das kannst du jetzt lesen …

# Ich denke

Ich denke
bevor ich aufstehe:
Ich bin ein Mensch
und bin im Bett
und das Bett ist im Zimmer
und das Zimmer im Haus
und das Haus ist am Weg
und der Weg in der Stadt
und die Stadt ist im Land
und das Land auf der Erde.

Und auf der Erde ist ein anderes Land
und im anderen Land eine andere Stadt
und in der Stadt ein anderer Weg
und am Weg ein anderes Haus
und im Haus ein anderes Zimmer
und im Zimmer ein anderes Bett
und im anderen Bett
ist auch ein Mensch.

Bevor ich aufstehe
denke ich.

*Hans Manz*

Das Denken ist eine prima Sache. Ein bisschen wie Reisen, in andere Zeiten, an ferne Orte. Mit dem Denken fängt eigentlich alles an: Ich sitze auf einem Stuhl. Ich denke, ich will aufstehen, schon erhebt sich mein Körper. Bevor ich zu meiner Freundin gehe, kommt mir in den Sinn, dass ich gern mit ihr spielen möchte. Bevor Menschen sich wieder vertragen, denkt zumindest einer, dass es so nicht weitergehen kann. Bevor ich diesen Satz hieraufschreibe, habe ich ihn mir überlegt. Ich glaube, es kann nichts geben, ohne dass es vorher gedacht worden ist. Ich glaube, es hätte nie etwas geben können, ohne dass es sich jemand zuerst vorgestellt hat.

**Das ganze Universum – eine geniale Idee?**
**Die Welt – eine Gedankenflut?**
**Jeder Mensch – ein einzigartiger Gedanke?**

Wer hat unser Universum, unsere Erde und uns zuerst gedacht, noch bevor es uns und irgendetwas gab?

# Als die Welt noch nicht vorhanden war

Früher, als die Welt noch nicht vorhanden war, da hatte man noch Platz genug. Es gab keine Zäune, keine Mauern. Man konnte gehen, wohin man wollte. Ein Gehen war es eigentlich nicht, da ja der Boden fehlte. Aber man konnte sich bewegen, das schon, fliegen, flattern. Man stolperte nicht ständig über Dinge, die andere herumliegen ließen, Schuhe, Schultaschen, weil es keine Dinge und keine anderen gab. Und vor allem hatte man seine Ruhe, als die Welt noch nicht vorhanden war. Niemand wollte etwas, niemand fiel einem ins Wort. Wie wenn auf einem Sender nichts läuft, wenn es bloß rauscht und schneit, so war es. Nur viel ruhiger noch, ohne das Rauschen, das Schneien.
Als die Welt noch nicht vorhanden war, brauchte man noch keine Sonnenbrille zu tragen. Es war dunkel, Tag und Nacht oder eben Nacht und Nacht. So dunkel, dass man die eigene Hand nicht vor den Augen sah. Es gab ja auch keine eigene Hand, keine Augen, niemanden, der schaut. Es gab nichts anderes als die Leere, die alles ausfüllte bis zum äußersten Rand und darüber hinaus. Und der Rand, der fehlte ja auch, damals, als die Welt noch nicht vorhanden war.

*Jürg Schubiger*

Vor dem Anfang war nichts,
eine einzige Leere,
nicht einmal ein Staubkorn,
nicht einmal Luft.

Ich versuche mir das NICHTS vorzustellen, es zu denken und zu verstehen. Mir will es nicht gelingen, aber ich fühle eine große Leere und ein kleines Schwindelgefühl in mir. Kann es ein NICHTS geben, wenn keiner es bemerkt, weil niemand da ist? Oder ist ein NICHTS nicht doch schon etwas? Braucht das NICHTS einen Ort? Woher kam das erste ETWAS? Kann das ETWAS ohne einen Ort sein? Wo war es vorher, als das NICHTS noch da war? Wo blieb dann das NICHTS? Ist es einfach verschwunden oder ist es jetzt dort, wo vorher das ETWAS war? Können sich das NICHTS und das ETWAS begegnen und kennen lernen oder müssen sie einander fremd bleiben?

Fragen über Fragen, die mich nicht loslassen, seitdem ich sie entdeckt habe, seitdem sie mich gepackt haben. Ich habe das Gefühl, sie werden mich noch lange beschäftigen.

Ich werde nach Antworten suchen,
damit Licht in die Dunkelheit kommt,
damit aus dem NICHTS ein ETWAS wird,
damit ich begreife,
wie ich und alle anderen
ein ICH werden konnten und noch werden,
vom Anfang des Lebens bis heute.

# Wer denkt die Welt?

Finsternis ohne Gedächtnis.
Finsternis.
Ein Funke, doch noch kein Licht.
Ein Tropfen, noch kein Stein.
Ein Klumpen, noch keine Erde.
Ein Laut, noch kein Wort.
Wie fängt etwas an, das noch nicht ist?
Wie ist etwas, das noch nichts weiß?
Woher kommt der erste Gedanke?
Was denkt er?
Die Welt?

Wer denkt?
Wer weiß, dass dieser Gedanke
der erste ist?
Wer hat ihn, der den Anfang denkt,
gedacht?
Wer hat ihn, der den Anfang dachte,
zuerst beim Namen gerufen?
Gott.
Göttin.
Mein Vater.
Meine Mutter.

Ein Tropfen, noch keine Seele.
Ein Klumpen, noch kein Leib.
Ein Laut, noch kein Wort.
Du kommst zur Welt.
Du.
Vorerst nur ein Du.
Du weißt dein Ich noch nicht.
Du bist es.
Eine Seele. Ein Leib. Noch kein Wort.
Du bist da.
Aus der Wärme bist du gestoßen worden.
In die Fremde, die dein Leben auffängt.
Luft und Licht erschrecken dich.
Dein Anfang schmerzt.
Du lernst ein Du kennen,
Hände, Lippen, die dich liebkosen.
Atem, der dich wärmt.

Du weißt, dass es ist.
Aber du weißt noch nicht, was es ist.
Das, was es ist, erfüllt dich mit Gefühl
und wartet auf das Wort.
Wie fängt etwas an, das ist?
Eine Seele, ein Leib.
Ein erstes Wort.
Du.
Ich.
Das Licht nach der Finsternis.
Zwischen Anfang und Ich
beginnt die Zeit.
Wer denkt die Welt?

*Peter Härtling*

Woher komme ich? Woher kommt der Mensch? Von meinen Eltern weiß ich, dass ich wie jeder Mensch aus Samen und Eizelle entstanden bin, im Bauch von Mama gewachsen und nach neun Monaten zur Welt gekommen bin. Aber ist das schon die ganze Erklärung? Muss ich nicht viel früher anfangen, weiter zurückgehen in der Zeit?

Ich habe mit Mama und Papa darüber gesprochen. Papa schleppte dann einen Berg Bücher an, dicke und dünne, für Kinder und für Erwachsene, über die Entstehung der Welt und des Menschen. Ich hatte die Idee, alles, was ich verstehe, aufzuschreiben und daraus eine Geschichte zu machen. Sie wird wohl nie fertig sein, so wie das Universum sich auch immer weiter entwickelt. Ich fange trotzdem an:

## MEINE KLEINE GESCHICHTE VOM ANFANG DER WELT

Am Anfang war der Urknall. Was vorher war, wissen wir nicht. Denn der Urknall war der Anfang von Zeit und Raum für uns. Alles, was es heute gibt, war wie in einer winzigen, unendlich schweren Kugel ganz dicht zusammengedrängt. In einer gewaltigen Lichtexplosion vor fast 14 Milliarden Jahren flog alles in alle Richtungen auseinander. Das ist so, wie sich gezeichnete Punkte auf einem Luftballon voneinander entfernen, wenn man ihn aufbläst.

Das Universum dehnt sich seitdem aus und kühlt sich ab. Bis heute tut es das. Zunächst ist es wie ein Brei aus verschiedenen kleinsten Teilchen mit komischen Namen wie Elektronen, Photonen oder Quarks (Erdbeersoße gab es damals noch nicht). Sie liegen chaotisch durcheinander wie die Buchstabennudeln in der Suppe. Schon in der ersten Sekunde nach dem Urknall, als es etwas kälter wurde – also weniger als tausend Milliarden Grad heiß –, tun sich die Quarks zusammen und werden zu Protonen und Neutronen. Nach einer Minute werden daraus Atome, aus denen später Moleküle werden. Es ist, als wenn die Buchstaben in der Suppe sich ordnen zu Silben, Wörtern, Sätzen, Geschichten, Büchern, Bibliotheken und anfangen, die Geschichte des Lebens zu erzählen.

Nach mehr als hundert Millionen Jahren entstehen erst Klumpen, dann immer größere Brocken und schließlich unzählige Sterne. Als diese ersten Sterne wieder sterben, entstehen aus ihren Überresten Planeten, die um neue Sterne kreisen. So wird nach über 10 Milliarden Jahren, also vor ungefähr 4,5 Milliarden Jahren unsere Sonne mit ihren Planeten geboren. Auch unsere Erde kommt jetzt zur Welt. Und auf diesem sonderbaren Planeten beginnt ungefähr eine Milliarde Jahre später das Leben. Nun wird die Erde zu einer richtigen Welt. Sie ist nicht zu nah und nicht zu weit entfernt von der Sonne, sodass es nicht zu heiß und nicht zu kalt ist. In der Luftschicht über der Erde entstehen Moleküle, die über 500 Millionen Jahre lang in den Urozean regnen. In dieser Ursuppe entstehen zunächst fast schon lebendige Tropfen, dann erste Zellen und allmählich immer kompliziertere Lebewesen, erst im Wasser, dann auf dem Land. Aus Einfachem wird immer Schwierigeres, durch Geborenwerden und Sterben. Das, was ist, tut sich zusammen und schafft etwas Neues, was besser überleben kann als alles andere.

Nach dem plötzlichen Urknall und den unendlich langsamen Anfängen des Lebens geht nun alles rasend schnell: Nach den Algen, Quallen und Schwämmen entstehen Pilze, Farne, Moose und erste Blütenpflanzen. Dazu kommen Würmer, Weichtiere, Krustentiere, Spinnen und Insekten. Schließlich entwickeln sich Fische, Reptilien, Vögel, Lurche und die Säugetiere bis hin zum Menschen.

Am Anfang war der Urknall und heute bin ich auf der Welt. Ich bin zusammengesetzt aus Atomen des Universums, die lange nach dem Urknall aus einem längst erloschenen Stern entstanden sind. Meine Zellen enthalten etwas aus dem Urozean der Erde. Wir Menschen sind aus dem Staub der Sterne und aus dem Urwasser der Erde. Es musste eine Menge passieren, bis ich zu dem wurde, was ich bin. Der Urknall – die Gas- und Staubwolken – die Sterne – die Planeten – das Leben auf der Erde und die Liebe meiner Eltern. Im Bauch von Mama habe ich die ganze Entwicklung vom einfachen Lebewesen bis zum Menschen im schnellen Zeitraffer wiederholt. Damit ich leben konnte, reichten neun Monate nicht aus. Die Erschaffung des Menschen dauerte viele Milliarden Jahre. Die wunderbare Geschichte unserer Welt ist in mir.

# Aus der Sehnsucht

Aus der Sehnsucht der Raupe,
als Schmetterling
ihre Flügel ausbreiten zu dürfen,
aus der Sehnsucht
des Vogels im Käfig,
im Urwald von Ast zu Ast
zu hüpfen,
aus der Sehnsucht der Eisdecke,
als Welle tanzen zu dürfen,
aus der Sehnsucht der erloschenen Sterne,
noch einmal leuchten zu dürfen,
aus der Sehnsucht des Blinden,
sehen zu können,
aus der Sehnsucht
der Verfolgten,
Frieden zu finden,
aus Sehnsucht,
nur aus Sehnsucht,
ist das Weltall aufgebaut.

*Martin Gutl*

Im Sommer des letzten Jahres waren wir in Frankreich, in der Provence. Unser Haus lag in einem einsamen Tal, weit weg von den nächsten Städten, ein kleines Paradies voll mit Aprikosenbäumen.

In der ersten Nacht konnte ich nicht einschlafen und ging noch einmal runter zu den Großen, die draußen auf der Terrasse saßen. Und so sah ich in dieser sternenklaren Nacht zum ersten Mal die Milchstraße. Unzählige Lichtfunken am Himmel bildeten ein breites milchiges Band. Dieses Bild habe ich vor Augen, als wäre es gestern. So etwas hatte ich in unserer Stadt, in der es nachts viel zu hell ist, noch nie gesehen.

Mit Papa ging ich vom Haus weg in die Dunkelheit. Er meinte: Eigentlich ist das Universum unglaublich leer. Sterne, Planeten, große und kleine Gesteinsbrocken trifft man dort nur selten. Nehmen wir mal an, alle Sterne und Planeten wären in winzige Atome zerlegt und die Atome gleichmäßig im All verteilt. In einem Stück Weltraum, das ein Meter lang, ein Meter breit und ein Meter hoch ist, fände man nur ein einziges Atom, wenn man es denn finden könnte.

Aber auch so ein Atom, dieser kleine Baustein, aus dem die ganze Welt zusammengesetzt wird, ist eigentlich leer. Jedes Atom besteht aus einem winzigen Kern und einer Anzahl noch kleinerer Elektronen, die um den Kern kreisen wie die Planeten um die Sonne. Machen wir in unserer Vorstellung ein kleines Atom so groß wie einen Fußballplatz: Trotzdem ist der Atomkern nun nicht größer als eine Erbse. Er liegt auf dem Anstoßpunkt im Mittelkreis und die Elektronen kreisen kleiner als Stecknadelköpfe von Tor zu Tor um die Erbse herum. Der Rest des Fußballplatzes ist leer!

Papa erklärte mir die Leere der Atome an einem weiteren Gedankenspiel: Wenn man die ganze Erde so zusammenpressen könnte, dass alle Atomkerne direkt aneinander stoßen, wäre die Erde immer noch genauso schwer wie jetzt, aber nicht größer als ein Fußball.

In diesem leeren Universum mit lauter leeren Atomen ist ausgerechnet auf unserer Erde Leben entstanden. Warum und wodurch hat es angefangen? Immer wurde etwas Kleines von etwas Größerem eingeschachtelt: Atome von Molekülen, Moleküle von Zellen. Aus den Zellen entstanden kleine Lebewesen bis hin zu einem Wesen, das über sich selbst und das Leben nachdenken kann. Wir sind Menschen aus leeren Atomen, aber voller Gedanken.

# Die kleine Schachtel

Der kleinen Schachtel wachsen die ersten Zähne
Es wächst ihr ihre kleine Länge
Ihre kleine Breite ihre kleine Leere
Und überhaupt alles was sie hat

Die kleine Schachtel wächst weiter
Jetzt steckt in ihr der Schrank
In dem sie war

Sie wächst weiter und weiter
Jetzt steckt in ihr das Zimmer
Das Haus die Stadt die Erde
Und die Welt in der sie war

Die kleine Schachtel erinnert sich an ihre Kindheit
Und wird von allzu großer Sehnsucht
Wieder zur kleinen Schachtel

Jetzt ist in der kleinen Schachtel
Die ganze Welt klein klitzeklein
Man kann sie leicht in die Tasche stecken
Leicht stehlen leicht verlieren

Hütet die kleine Schachtel

*Vasko Popa*

Als ich ein kleines Kind war, habe ich gedacht, wir Menschen leben nicht auf der Erde, sondern in der Erde. Die Welt ist eine riesige Kugel, innen hohl, und wir leben in ihr auf der Innenseite. Der Himmel über uns ist das Innere. Auf der gegenüberliegenden Seite des Himmels liegt Australien. Die Sonne ist in der Kugel. Wenn sie auf unserer Seite ist, dann ist für uns Tag. Sie wandert quer durch die Kugel zu der anderen Seite. Für die Menschen dort beginnt dann der Tag und für uns die Nacht. Die Welt ist in einem Universum, aus dem wir nicht hinausgucken können. So dachte ich als kleines Kind.
Wie haben sich die Menschen früher die Welt vorgestellt und erklärt? Über diese Frage sprechen wir zurzeit in der Schule. Was ich begriffen habe, möchte ich nun aufschreiben.

## WIE SICH DIE MENSCHEN DIE WELT ERKLÄRTEN

Die ersten Menschen in der Urzeit waren ganz und gar verbunden mit ihrer Welt. So wie ein Baby vor und auch noch lange nach der Geburt ganz eins mit der Mama ist, kannten die Menschen damals kaum einen Unterschied zwischen sich und der Welt. Sie lebten in der Natur mit den Tieren, von denen sie sich ernährten und die sie verehrten. Sie waren ein Teil des Ganzen. Die Sterne, Planeten und Monde, allen voran die Erde und die Sonne, waren für sie Götter.

Später fanden die Menschen heraus, dass man die Bewegungen der Himmelskörper beobachten, berechnen und voraussagen kann. Ihr Blick auf die Welt veränderte sich. Nun stellten sich die Menschen lange Zeit das ganze Universum als eine riesige Kugel vor. Und der Mond, die Planeten, die Sonne und alle Sterne kreisen um die Erde. Wie ein kleines Kind sah die Menschheit die Welt nur von sich aus: Ich stehe im Mittelpunkt, um den sich alles dreht. Gott hat das alles für mich geschaffen. Und die Erde war für die Menschen eine Scheibe. Denn sie fielen ja nicht von ihr herunter und sahen über sich alle Himmelskörper kreisen.

Später entstand dann eine neue Idee: Die Erde ist nur der Mittelpunkt unseres Sonnensystems, aber nicht des Universums. Die Sonne, der Mond und die Planeten kreisen um die Erde, die anderen Sterne aber um unser Sonnensystem. Die Menschheit wuchs heran und wurde langsam erwachsen, doch sie überschätzte die eigene Bedeutung im Weltall immer noch maßlos.

Nur mühsam und widerwillig begriffen die Menschen, dass die Erde nicht wie ein flacher Pfannkuchen sein konnte, denn niemand fand das Ende der Welt mit einem Abgrund ins All. Sie merkten, dass deswegen auf dem Meer von einem Schiff am Horizont zuerst der obere Mast zu sehen ist, weil die Erde rund ist. Erst vor 400 bis 500 Jahren erkannten verschiedene Wissenschaftler die Sonne als den Mittelpunkt, um den sich die kugelförmigen Planeten in leicht gebogenen Bahnen bewegen. Nun entdeckte man auch, dass jeder Himmelskörper eine Anziehungskraft besitzt, die dafür sorgt, dass nichts von den Planeten herunterfällt und dass die Planeten um die Sonne kreisen. Dieses neue Bild der Welt war für viele Menschen ein Schock, weil sie sich selbst für so wichtig hielten und sich nun von der Mitte weggedrängt fühlten. Leider meinten besonders Menschen, die an Gott glaubten, sich gegen diese Veränderung wehren zu müssen. Sie verstanden erst viel später durch das neue Wissen, dass die Schöpfung Gottes tatsächlich viel großartiger war, als sie sich vorgestellt hatten.

Bis heute verändert sich unsere Sicht von der Welt, von dem, was es gibt, was Raum und was Zeit ist. Über Jahrtausende meinten die Menschen, der Raum hat immer drei Richtungen: Er ist hoch, lang und breit. Und die Zeit vergeht immer und überall gleich schnell. Dass Raum und Zeit zusammengehören und die Zeit sozusagen die vierte Richtung des Raumes ist, haben die Menschen erst in unserem Jahrhundert herausgefunden.

Raum und Zeit und alles, was in ihnen ist, haben mit der Geschwindigkeit zu tun, in der man sich bewegt. Merken würden wir das aber erst bei unglaublich großer Schnelligkeit. Könnte ein Astronaut fast so schnell wie das Licht durch den Weltraum fliegen, würde er bei seiner Rückkehr nach einem Jahr seiner Zeitrechnung feststellen, dass auf der Erde inzwischen sieben Jahre vergangen sind. Und auch der Raum schrumpft im schnellen Raumschiff: Was auf der Erde ein Meter lang ist, ist dort im Vergleich nur 14 Zentimeter kurz.

Vieles ist nicht so, wie es den Anschein hat. Oft täuscht uns der Augenschein. Heute wissen wir, dass die Erde nur ein winziger Planet in einem Sonnensystem am Rande der Milchstraße neben unzähligen Planeten, Sternen und Galaxien ist, ein kleiner, aber wunderschöner Planet voller Leben. Die Menschheit ist erwachsen und kennt ihren bescheidenen Platz im Universum.

Über meine Kleinkind-Kugel-Welt lache ich heute, aber eigentlich war es doch eine schöne und gemütliche Welt, ein überschaubares Universum. In Wirklichkeit leben wir also auf einer riesigen und doch kleinen blauen Kugel ohne runterzufallen und werden Tag für Tag vom Dunklen ins Helle und wieder ins Dunkle gedreht. Eigentlich ist das doch mindestens so merkwürdig wie meine schöne Kugelwelt!

# Die Welt in der Schachtel

Zum Geburtstag bekam Irina von ihrer Tante Luisa ein ganz besonderes Geschenk. Es war eine Schachtel aus Karton, gerade so groß, dass Irinas Kopf hineinpasste. Wenn man den Deckel von der Schachtel hob, sah man zunächst nur ein bisschen Dunst oder Nebel, aber wenn man vorsichtig hineinblies, schoben sich die Dunstwölkchen zur Seite und man sah in der Schachtel eine richtige kleine Welt schweben. Sie hatte alles, was eine Welt so braucht, Meere mit kleinen Inseln und Kontinente mit Bergen und Flüssen und Seen. Und wenn man ganz genau hinsah, konnte man sehen, dass auf den Kontinenten allerhand Tiere herumliefen und fraßen und jagten und Junge bekamen, und sogar Menschen waren da, die Kartoffeln anpflanzten und Städte bauten und mit Schiffen über die Meere fuhren. Die Tiere sahen etwas anders aus als die, die Irina in ihrer großen Welt kannte. Es gab da Rhinofanten und Giraffodile, in den Wäldern jodelte die Brilleneule, und im Meer schwamm der Kühlschrankfisch.
Das beste aber war, dass Irina in die kleine Welt hineingehen konnte. Sie brauchte nur ihren Finger oder ihre Nase in die Schachtel zu stecken, und es machte »ffft« und Irina konnte auf der kleinen Welt spazieren gehen. Bei jemand anderem funktionierte es nicht, nur bei Irina. Irina konnte herumgehen und den Menschen in ihre Kochtöpfe schauen, sie konnte sich auf einer Insel eine Palmenhütte bauen, sie konnte Meeresforscherin sein und mit ihrem Unterseepaddelboot das Leben der Tintenfische beobachten und mit den Gewohnheiten der Kugelschreiberfische vergleichen. Sie konnte Zirkusse, Theatervorstellungen und Rockkonzerte besuchen, einen Freund kennen lernen, heiraten, Kinder kriegen und eine alte Frau werden und trotzdem rechtzeitig zum Abendessen wieder zurück sein.
Jeden Nachmittag war Irina etwas anderes.
Einmal war sie eine Ärztin, die tausend kranke Kinder heilte, und einmal eine Bärenbändigerin im Zirkus.

Einmal war sie eine Tischlerin und baute wunderbar bequeme Möbel, die nie kaputtgingen, und einmal war sie Kapitänin eines Forschungsschiffes, das die Eismeere durchkreuzte.
Sie war Rollschuhläuferin und Malerin und Fernsehreporterin und Schuldirektorin und Eiskunstläuferin, sie war Bäuerin und Bergsteigerin und Segelfliegerin, und einmal flog sie ein halbes Jahr in einem Ballon.
Es war ein wunderbares Geschenk. Aber wie jedes Spielzeug, wurde auch dieses einmal langweilig und landete irgendwann einmal auf dem Dachboden. Zu ihrem nächsten Geburtstag bekam Irina ein Kinderfahrrad.

*Martin Auer*

Gerade habe ich in einem Buch über die Rätsel des Universums gelesen. Jetzt ist mir schwindelig vor lauter Zahlen und unvorstellbaren Zeiten und Räumen.

Ich habe nicht gewusst, dass unsere Sonne nur ein Stern von einigen 100 Milliarden Sternen in der Milchstraße, unserer Galaxie, ist. Und im ganzen Universum gibt es schätzungsweise weitere 100 Milliarden Galaxien mit jeweils über 100 Milliarden Sternen und unzähligen Planeten.

Und alles ist in Bewegung: Die Monde kreisen um sich selbst und um ihre Planeten. Auch die Planeten wie zum Beispiel unsere Erde kreisen um sich selbst und um ihren Stern. Die Sonne kreist mit ihren Planeten so wie jeder Stern um die Mitte der Milchstraße.

In 24 Stunden dreht sich unsere Erde um sich selbst – wir erleben Tag und Nacht. In einem Jahr umrundet unsere Erde die Sonne – wir erleben Frühling, Sommer, Herbst und Winter. Die Umdrehung der Sonne mit allen Planeten um die Mitte der Milchstraße dauert 240 Millionen Jahre – davon merken wir nichts.

Sogar die großen Landmassen auf unserer Erde, die Kontinente sind in Bewegung. Sie verändern ihre Lage in einem Jahr um ein bis 50 Zentimeter, während eines Menschenlebens im Durchschnitt um drei Meter. Wenn die Landmassen im Laufe von Jahrmillionen aufeinander prallen und sich gegenseitig in die Höhe schieben, entstehen die Gebirge auf unserer Erde.

Stell dir vor: Da steht in Afrika am Äquator ein Mensch vollkommen still. Weil aber die Erde sich um sich selbst dreht, wird er in einer Stunde 1670 Kilometerweit bewegt, also schneller als ein Flugzeug. Außerdem fliegt er in derselben Zeit 106 920 Kilometer mit der ganzen Erde auf ihrer Bahn um die Sonne durch das Weltall. Dazu kommt noch die ständige Reise um den Mittelpunkt der Milchstraße mit einer Geschwindigkeit von 792 000 Stundenkilometern. Der Mensch jedoch bleibt ohne Zittern an seinem Platz auf der Welt – ohne Angst, ins Weltall hinausgeschleudert zu werden: Gott sei Dank!

Von den Bewegungen selbst erfahren wir nichts. Der Planet bewegt sich mit seiner Lufthülle und mit uns im immer gleichen Tempo (also ohne Bremsen und Beschleunigen wie im Auto). Die Anziehungskraft der Erde hält uns am Boden. Für die langsamen Veränderungen leben wir zu kurz. Die Bewegungen geschehen in aller Stille. Doch die Auswirkungen spüren wir: Tag und Nacht, die Jahreszeiten, das Gesicht der Erde mit Berg und Tal. Wir brauchen die Bewegung und die Stille um und in uns, damit sich die Welt und wir uns entwickeln können. Völliger Stillstand wäre der Tod.

# Die verdrehte Welt

Als ALEXANDRA das Zauberbuch fand, las sie darin den Spruch für die verdrehte Welt. ALEXANDRA sagte den Spruch, da war die Welt verdreht. Die Menschen gingen auf den Händen, die Hunde wedelten mit den Schnauzen, auf den Apfelbäumen wuchsen Birnen, die Fische flogen durch die Luft, die Vögel schwammen im Wasser, und die Hühner legten eckige Eier.
Als ALEXANDRA genug gelacht hatte, suchte sie den Spruch, um die Welt zurückzudrehen. Aber der fehlte.

*Wahrscheinlich braucht man keinen anderen Spruch,* dachte ALEXANDRA. *Man verdreht die Welt einfach noch einmal. Wenn man die verdrehte Welt verdreht, dann muss sie doch wieder normal werden.*
Also sagte ALEXANDRA den Spruch noch einmal. Da gingen die Hände auf den Menschen, die Schnauzen wedelten mit den Hunden, auf den Birnen wuchsen Apfelbäume, die Lüfte flogen durch den Fisch, die Wasser schwammen im Vogel, und die Eier legten eckige Hühner.
*Ich muss noch einmal drehen,* dachte ALEXANDRA und sagte den Spruch noch einmal. Da händen die Menschen auf den Gingen, die

Wedel schnauzten mit den Hunden, auf den Wuchsen birnten die Apfelbäume, die Flöge lüfteten den Fisch, die Schwämme wässerten den Vogel, und die Lege eierten hühnige Ecken.
*»Ich geb' aber nicht auf!«*, sagte ALEXANDRA und sagte den Spruch noch einmal. Ha dänden mie Denschen gauf en Dingen, wie Dedel mauzten schnit hen Munden, wauf en duchsen irnten ie Bapfeldäume, flie Öge düfteten fen Isch, schwie Dämme vässerten ven Dogel und lie Ege deierten ühnige Hecken.
*»Ich geb' nicht auf und ich geb' nicht auf!«*, sagte ALEXANDRA und sagte den Spruch noch einmal. Den minschen gauf en Dingen, wie Dedel erten vHafen Isch, schdänmauzten schnden, wan duchten ie Bapfelddüfteten wie en Dämme äume, flie Öge vässen Dogel une Ded lie Egenit hen Mu deierten ühuf enigesen irn Heck.
*»Ic genick bauft bund ic gkenick bauft!«*, agste Spruch den einmal noch sund agte

DRALENAXA.

*Martin Auer*

Auf meinem Laptop gibt es ein Programm mit einem Weltatlas. Auf dem Bildschirm ist im schwarzen All die gesamte Weltkugel zu sehen. Wenn man mit der Computer-Maus auf bestimmte Länder oder Städte klickt, kann man etwas über diesen Ort der Welt lesen oder Fotos davon angucken. Man kann auch aus dem Weltall in großen Schritten immer näher an eine Stadt heranfahren und sich wieder von ihr entfernen.

Das Beste aber ist: Aus dem Mauszeiger, einem Pfeil auf dem Bildschirm, kann auch eine Hand werden, die die Erdkugel in alle Richtungen verschieben kann: nach links, nach rechts, nach oben und unten, hin und her, vor und zurück. Ich kann die ganze Erde wild im Kreis herumdrehen oder sie tanzen lassen! Dabei komme ich mir ein bisschen vor wie Gott, von dem wir in der Kirche manchmal singen: Er hält die ganze Welt in seiner Hand. Doch schon bald vergeht mir die Lust, die Erde kreisen zu lassen, und ich denke: Wie gut, dass wir Menschen uns darum nicht zu kümmern brauchen!

Seit Milliarden von Jahren dreht sich unser Planet zuverlässig mit gleicher Geschwindigkeit um sich selbst und um die Sonne durch das All. Doch auf dieser Erde geht alles immer schneller. Zum Beispiel, wenn einer dem anderen etwas sagen will: Anfangs, als für die Menschen die Welt noch eine Scheibe war, brachten sie sich die Nachrichten über Boten, die zu Fuß gingen, mit dem Pferd ritten oder später mit einer Kutsche fuhren. Schneller kamen die Briefe an, als es Züge, Autos und Flugzeuge gab. Als das Telefon erfunden war, konnten die Menschen direkt miteinander reden. Schließlich wurde es möglich, den Brief als Fax zu senden und dann noch schneller als E-Mail mit dem Computer zu verschicken. Im nächsten Augenblick ist die Nachricht schon beim anderen. Im Internet können Menschen aus aller Welt direkt miteinander sprechen. Das ist toll, mir aber auch unheimlich. Ich glaube, mit der Schnelligkeit kam auch die Gedankenlosigkeit. Alles muss sofort passieren – wer nimmt sich da noch Zeit zu überlegen, was er eigentlich sagen will. Jeder kann mit jedem sprechen, aber haben wir uns überhaupt etwas zu sagen?

Meine Oma mag dieses »moderne Zeug« – wie sie sagt – nicht. Sie meint, zu einem Brief gehört die Zeit, ihn mit der Hand zu schreiben, ihn zum Briefkasten zu bringen und mit Freude und Spannung auf eine Antwort zu warten.

Manchmal denke ich, durch den Computer können Menschen zusammenkommen, die Welt kann aber auch wieder zur Scheibe werden: Die ganze Welt auf einer CD-ROM, flach und oberflächlich, ohne Höhen und Tiefen.

Ich sitze vor dem Bildschirm, bewege die Welt immer weiter – langsam und gleichmäßig –, klicke ab und zu auf verschiedene Erdteile, Länder und Städte. Überall dort wohnen auf der wirklichen Erde Menschen, in ihrer eigenen Welt und doch alle auf derselben Erde, machen sich wie ich Gedanken über ihr Leben, haben ihre Wünsche und Sorgen, Ängste und Hoffnungen. Wie schön wäre es, tatsächlich mit allen verbunden zu sein!

# Die Erdkugel

Ich sehe ein großes rundes Wunder durch den Raum ziehen.
Ich sehe darauf winzige Gehöfte und Dörfer, Trümmer und Friedhöfe, Gefängnisse und Werkstätten, Hütten und Paläste …
Ich sehe eine dunkle Seite, wo die Menschen schlafen, und die andere Seite im Sonnenlicht.
Ich sehe den ständigen Wechsel von Licht und Schatten. Ich sehe ferne Länder, ihren Bewohnern nicht weniger nahe und vertraut als mein Land mir.

*Walt Whitman*
(vor 150 Jahren)

Meistens nehme ich die Welt so, wie sie ist, und achte gar nicht auf sie. Manchmal aber bin ich ganz voll vor lauter Staunen, dass die Welt so ist, wie sie ist. Dann bin ich ganz da, wo ich gerade bin, nirgendwo anders, mit wachen Augen und Ohren, und könnte die ganze Welt umarmen.

Jetzt ist so ein Augenblick. Jetzt bin ich gerade sehr glücklich, auf dieser Welt zu sein. Nicht nur, weil die Osterferien begonnen haben, weil wir Urlaub machen in den Bergen. Ich sitze auf einer Bank auf einem kleinen Berg in der Schweiz, schaue weit ins Tal, sehe Wälder, Wiesen, verschlungene Wege, Häuser, eine Kirche und einen Fabrikschornstein, höre hinter mir das Zirpen der Grashüpfer, das Bimmeln von Kuhglocken, die Stimmen von Mama, Papa und meinem Bruder, die mit dem Ball spielen, und in der Ferne Autogeräusche.

Wie sähen dieses Tal und die Berge ringsum, wie sähe die Welt heute aus ohne die Menschen? Sicherlich wäre vieles auf der Welt schöner und natürlicher geblieben. Aber kein Lebewesen hätte die Schönheit, die ich gerade um mich herum und in mir erlebe, überhaupt fühlen können.

# Sozusagen grundlos vergnügt

Ich freu mich, daß am Himmel Wolken ziehen
Und daß es regnet, hagelt, friert und schneit.
Ich freu mich auch zur grünen Jahreszeit,
Wenn Heckenrosen und Holunder blühen.
Daß Amseln flöten und daß Immen summen,
Daß Mücken stechen und daß Brummer brummen.
Daß rote Luftballons ins Blaue steigen.
Daß Spatzen schwatzen. Und daß Fische schweigen.

Ich freu mich, daß der Mond am Himmel steht
Und daß die Sonne täglich neu aufgeht.
Daß Herbst dem Sommer folgt und Lenz dem Winter,
Gefällt mir wohl. Da steckt ein Sinn dahinter,
Wenn auch die Neunmalklugen ihn nicht sehn.
Man kann nicht alles mit dem Kopf verstehn!
Ich freue mich. Das ist des Lebens Sinn.
Ich freue mich vor allem, daß ich bin.

In mir ist alles aufgeräumt und heiter:
Die Diele blitzt. Das Feuer ist geschürt.
An solchem Tag erklettert man die Leiter,
Die von der Erde in den Himmel führt.
Da kann der Mensch, wie es ihm vorgeschrieben,
– Weil er sich selber liebt – den Nächsten lieben.
Ich freue mich, daß ich mich an das Schöne
Und an das Wunder niemals ganz gewöhne.
Daß alles so erstaunlich bleibt, und neu!
Ich freu mich, daß ich … daß ich mich freu.

*Mascha Kaléko*

Gestern bin von einer Zecke gebissen worden. Ich fand das nicht weiter tragisch, bis ich von Mama hörte, dass man davon eine Hirnhautentzündung bekommen kann. Vorsichtshalber sind wir zum Arzt gefahren. Mein Gehirn ist mir sehr wichtig. Darin sorgen über 100 Milliarden Gehirnzellen dafür, dass ich denken, sprechen und mich erinnern kann. Sie sind miteinander verbunden, senden Botschaften hin und her, steuern meinen Herzschlag und meine Bewegungen, helfen mir beim Sehen, Hören, Tasten, Riechen, Schmecken und Fühlen. Ein Mensch ohne Hirn wäre doch ziemlich kopflos, sein Leben ohne Sinne und ohne Sinn.

Später hat Mama mir erzählt, dass eine Zecke die Welt nicht sehen kann wie wir. Sie kann nur dunkel und hell unterscheiden und klettert im Busch oder Baum immer höher zum Licht. Oben wartet sie regungslos manchmal jahrelang, bis sie Buttersäure riecht – ein Zeichen, dass unter ihr ein Säugetier, vielleicht ein Mensch ist. Dann lässt sie sich fallen und, wenn sie Glück hat, kann sie sich in die Haut bohren und sich voll saugen mit Blut. Dann können die befruchteten Eier reifen. Die Zecke sorgt für Nachkommen und so für das Überleben ihrer Art.

Die Welt einer Zecke ist sehr einfach: hell oder dunkel – voll Buttersäuregeruch oder nicht. Aber ihre Welt ist wahr. Auch unsere Welt ist wahr für uns. Aber ist sie wirklich so, wie wir meinen? Als kleines Kind habe ich mich gefragt, wie die große Welt in mein kleines Auge hineinpasst. Heute weiß ich, dass ich mir nach dem, was ich sehe, eine Welt vorstelle. Aber wie richtig sehen meine Augen die Welt wirklich? Tiere sehen die Welt anders. Ein Frosch sieht zum Beispiel nur das, was sich bewegt. Für alles andere ist er blind. Er sieht den flatternden Schmetterling, aber nicht die Blumen, auf die sich der Schmetterling setzt.

Vielleicht lässt sich die Welt noch richtiger, komplizierter, genauer erkennen als wir das mit unseren Augen und Ohren und Händen können. Und vielleicht ist da jemand, der mit einem freundlichen Lächeln auf unsere bescheidenen Möglichkeiten schaut, so wie wir auf die Zecke.

# Staune

dass du bist
erlebe die welt
als wunder
jedes blatt hat sein
geheimnis
jeder grashalm bleibt
ein rätsel

verlerne das staunen nicht
wenn man dir eintrichtert
wie normal und
einfach alles ist

*Günter Ullmann*

Ich beobachte gerne Ameisen. Ich sehe ihnen zu, wie sie auf ihrer Straße hin- und herlaufen, Nahrung und Baumaterial tragen und in die Gänge unter der Erde bringen. Jede Ameise scheint genau zu wissen, was sie zu tun hat, als hätten alle einen gemeinsamen Plan. Daran arbeiten sie unbeirrt. Es sieht aus, als wären alle zusammen sehr schlau, als wären sie zusammen ein Ich.
Auf der ganzen Welt gibt es ungefähr zehntausend Billionen Ameisen, habe ich gelesen. Diese Zahl sieht so aus:
10 000 000 000 000 000. Die Zahl der insgesamt 6 Milliarden Menschen auf der Welt ist dagegen fast klein: 6 000 000 000. Alle Ameisen der Erde wiegen etwa genauso viel wie alle Menschen. Es gibt heute nur eine Gattung Mensch – ihre Entwicklung begann vor über zwei Millionen Jahren. Bereits seit 100 Millionen Jahren gibt es Ameisen – wir kennen heute 9500 verschiedene Arten. Viele Wissenschaftler meinen, die Ameisen werden länger auf der Erde leben als die Menschen.

Wir Menschen sind sicher etwas Besonderes. Ich fühle mich den Ameisen gegenüber haushoch überlegen. Doch jedes kleine Kind kann aus Versehen oder aus Dummheit eine Ameise zertreten; und alle Professoren der Welt können diese Ameise nicht nachbauen. Aber wenn ich sie anschaue und über ihr langes Leben auf unserem Planeten nachdenke, bewundere ich sie und werde ganz klein und bescheiden. Ich habe Mama von diesem Gefühl erzählt. Sie nennt es Ehrfurcht, eine Ehrfurcht vor dem Leben.

# Über die Erde

Über die Erde
sollst du barfuß gehen.
Zieh die Schuhe aus,
Schuhe machen dich blind.
Du kannst doch den Weg
mit deinen Zehen sehen.
Auch das Wasser
und den Wind.

Sollst mit deinen Sohlen
die Steine berühren,
mit ganz nackter Haut.
Dann wirst du bald spüren,
dass dir die Erde vertraut.

Spür das nasse Gras
unter deinen Füßen
und den trockenen Staub.
Lass dir vom Moos
die Sohlen streicheln
und küssen
und fühl
das Knistern im Laub.

Steig hinein,
steig hinein in den Bach
und lauf aufwärts
dem Wasser entgegen.
Halt dein Gesicht
unter den Wasserfall.
Und dann sollst du dich
in die Sonne legen.

Leg deine Wange an die Erde,
riech ihren Duft und spür,
wie aufsteigt aus ihr
eine ganz große Ruh'.
Und dann ist die Erde
ganz nah bei dir,
und du weißt:
Du bist ein Teil von Allem
und gehörst dazu.

*Martin Auer*

Vor zwei Wochen war ich mit Mama, Papa und meinem Bruder im Zoo. Im Affengehege fiel mir ein Schimpanse auf, der ruhig in einer Ecke hinter den Gitterstäben saß. Für einen kurzen Moment, der mir wie eine kleine Ewigkeit erschien, hat er mir in die Augen geschaut. Er kam mir gleichzeitig sehr fremd und vertraut vor, sehr dumm und klug. Er wirkte traurig und nachdenklich, als dächte er über unsere gemeinsame Vergangenheit nach oder als wisse er mehr, als wir Menschen von einem Affen erwarten.

Ich habe meinem Bruder erklärt, dass wir Menschen vom Affen abstammen. Das wollte er nicht glauben und meinte nur: »Du vielleicht, ich aber nicht.« Papa sagte, dass es wirklich etwas komplizierter ist. Eigentlich ist der Mensch selbst ein Affe oder genauer: Wir Menschen und die Schimpansen und Gorillas haben gemeinsame Affen-Vorfahren, sozusagen Verwandte aus ferner Zeit, aus denen alle sich entwickelt haben.
Nach dem Zoobesuch habe ich wieder Bücher gewälzt. Jetzt habe ich noch eine Geschichte geschrieben, die niemals fertig sein wird:

## MEINE KLEINE GESCHICHTE VOM ANFANG DES MENSCHEN

Als vor 65 Millionen Jahren die Dinosaurier aussterben, tauchen erste kleine Äffchen auf, die die Beeren der ersten Blütenpflanzen der Erde fressen. Im Laufe von Jahrmillionen entwickeln sie sich weiter. 35 Millionen Jahre vor unserer Zeit gibt es bereits erste größere Affen, die auf dem afrikanischen Erdteil wie auf einer Insel leben. Der gemeinsame Vorfahre der heutigen Menschen und Affen beginnt sich dann vor rund sieben Millionen Jahren in Ostafrika zu entwickeln. Hier war durch Erdverschiebungen der ganze Boden eingestürzt und eine 6000 Kilometer lange und bis zu 4000 Meter tiefe Schlucht – der ostafrikanische Graben – war entstanden. Millionen von Jahren später können sogar die Astronauten diesen Graben vom Mond aus wie eine tiefe Narbe auf der Erde sehen.

Im Westen dieses Grabens fällt nun weiter viel Regen, im Osten aber immer weniger. Hier geht der Wald zurück, es bildet sich eine trockene Landschaft. Im Westen bleiben die Affen auf den Bäumen: Dort entstehen die heutigen Gorillas und Schimpansen. Im Osten steigen die Affen von den Bäumen herunter, richten sich auf und entdecken die Vorteile des aufrechten Ganges. Sie haben die Hände zur Verfügung und lernen sie immer besser zu benutzen. Sie können Gefahren bereits von weitem sehen. Ihr Gehirn kann wachsen, weil es mit weniger Druck im Schädel liegt als bei den gebeugten Vierbeinern. Es wird immer größer, also muss die Zeit der Schwangerschaft kürzer werden, damit die Mutter ihr Kind noch gebären kann, bevor der Kopf zu groß ist. Das Kind bleibt nach der Geburt länger auf die Hilfe der Eltern angewiesen. So wächst eine immer stärkere Verbindung zwischen ihnen. Langsam wird das Gefühl geboren, jemanden gern zu haben.

Aus diesem Vormenschen, auch Australopithecus genannt, bildet sich vor 2,5 Millionen Jahren der Urmensch heraus, in lateinischer Sprache Homo genannt. Er bevölkert die ganze Erde und entwickelt sich in verschiedenen Arten weiter. Zunächst gibt es den Homo habilis, den geschickten Menschen, der beginnt Werkzeuge zu erfinden und zu gebrauchen. Vor etwa 1,5 Millionen Jahren taucht der Homo erectus auf, der aufrechte Mensch, der lernt das Feuer zu nutzen, Früchte zu sammeln und große Tiere zu jagen. Am Ende überlebt die Art, die am klügsten ist und sich am besten der Umwelt anpassen kann: Der Homo sapiens, der weise Mensch, kommt zur Welt. Ihn – also uns – gibt es seit etwa 200 000 Jahren. Alle anderen Arten verschwinden wieder.

Seit mindestens 120 000 Jahren verändert sich der Mensch so sehr, dass ihn heutige Forscher von nun an den modernen Menschen oder auch Homo sapiens sapiens nennen. Und in den letzten 40 000 Jahren geht die Entwicklung der Menschheit noch schneller. Der Mensch entdeckt die Sprache, die Religion, die Kultur und die Kunst, die Fantasie und die Liebe und leider auch den Krieg. Er entwickelt immer bessere Werkzeuge, malt Bilder auf Höhlenwände und spielt Musikinstrumente, schnitzt Skulpturen und fertigt Schmuck an. Er findet Gefallen an dem, was er selbst herstellen kann, was nützlich oder einfach nur schön ist. Er lässt sich an festen Orten nieder, baut Pflanzen auf dem Acker an und züchtet Tiere. Er merkt, dass er einmalig ist und sterben muss. Er begräbt die Toten feierlich und beginnt, sich ein Jenseits, eine Welt nach dem Tode vorzustellen. Er wird einer, der nach oben in den Himmel schaut. Er fragt nach sich und seinem Platz im Universum. Bis heute hat der Mensch damit nicht aufgehört.

Ahnte mein Schimpanse im Zoo etwas von den vielen Möglichkeiten, die er verpasst, weil seine Vorfahren auf der anderen Seite des Grabens nicht in der Trockenheit überleben mussten?

# Zufall

Wenn statt mir jemand anderer
auf die Welt gekommen wär'.
Vielleicht meine Schwester
oder mein Bruder
oder irgendein fremdes blödes Luder –
wie wär' die Welt dann,
ohne mich?
Und wo wäre denn dann ich?
Und würd' mich irgendwer vermissen?
Es tät ja keiner von mir wissen.
Statt mir wäre hier ein ganz anderes Kind,
würde bei meinen Eltern leben
und hätte mein ganzes Spielzeug im Spind.
Ja, sie hätten ihm sogar
meinen Namen gegeben!

*Martin Auer*

Wie entstand Leben auf unserer Erde? Wie kam das Leben zur Welt? Ist es aus Zufall entstanden? Papa meint, das kann kein Zufall sein. Er hat versucht mir zu erklären, wie unwahrscheinlich die Entstehung des Lebens war: Stell dir vor, auf einem Schrottplatz erfasst ein gewaltiger Wirbelsturm alle herumliegenden Teile und wirft sie wahllos in die Höhe. Als der Sturm sich gelegt hat, steht auf dem Platz ein komplettes Auto, wie von Zauberhand zusammengesetzt aus den einzelnen Schrottsachen. So unmöglich und unvorstellbar, so unfassbar und unglaublich wie ein solches Ereignis war die Entstehung des Lebens auf der Erde. Unzählige Zufälle über Milliarden von Jahren?

Oder hat Gott das alles so geplant? Hat Gott es wie im Spiel erfunden? Aus Langeweile oder Einsamkeit? Wollte Gott eine Welt mit Wesen, die ihm gleichwertig gegenüberstehen? Wollte Gott, dass jemand ihn beachtet und liebt, dass jemand an ihn glaubt? Wenn ja, dann hat Gott sich seine Schöpfung sehr genau ausgedacht. Dann hat Gott über Jahrtausende und Jahrmillionen alles sich entwickeln lassen, bis es immer neu und sehr gut geworden war. Dann hat Gott wohl so manches Mal selbst gestaunt über seine Entdeckungen und Erfindungen. Dann ist Gott bis heute nicht Ein Menschenleben reicht nicht aus, um diese Veränderungen zu erleben. Papa meint: Für Gott dauert ein Menschenleben nur einen Wimpernschlag.

Niemand kann beweisen, dass es Gott gibt, und keiner kann beweisen, dass es Gott nicht gibt. Doch es sieht so aus, als ob hinter der Entstehung des Universums und des Lebens bis hin zum Menschen von Anfang an ein kluger Plan steht. Die Welt ist so schön, wie sollte sie ohne einen Schöpfer entstanden sein. Dass Gott da ist, zeigt sich darin, dass Menschen da sind, die die Frage nach Gott stellen können. Seit Jahrtausenden tun sie das. Als die Menschen vom Urknall noch nichts wussten, erinnerten sie an einen Anfang, der von Gott kommt, der schon vor der Zeit da war. Sie erzählen sich, was niemals so passiert ist und trotzdem wahr ist. In solchen Geschichten wird aus Millionen von Jahren für Gott ein Tag: Die Geburt des Universums und der Erde, der Tiere und der Menschen wird im Gedicht als Wochenarbeit Gottes erzählt.

# Im Anfang

Im Anfang schuf Gott den Himmel und die Erde.
Und die Erde war Wüste und Leere, Irrsal und Wirrsal.
Finsternis lag über der Urflut,
aber über dem tiefen Wasser schwebte hin und her
der Lebensatem, der Geist Gottes.

Und Gott sprach:
Es werde Licht.
Und es wurde Licht.
Gott sah, dass das Licht gut war.
Und es trennte Gott das Licht von der Finsternis.
Gott nannte das Licht Tag und die Finsternis Nacht.
Es wurde Abend und es wurde Morgen:
ein erster Tag.

Und Gott sprach:
Es werde eine feste Grenze
zwischen dem Wasser oben und dem Wasser unten.
Und es wurde eine Grenze, die Wasser von Wasser trennte.
Es geschah so
und die feste Grenze nannte Gott Himmel.
Es wurde Abend und es wurde Morgen:
ein zweiter Tag.

Und Gott sprach:
Das Wasser soll sich sammeln
unter dem Himmel an einem Ort,
es soll sichtbar werden das Trockene.
Es geschah so
und Gott nannte das Trockene Erde
und das gesammelte Wasser Meer.
Gott sah, dass es gut war.

Und Gott sprach:
Es werde grün die Erde,
das Land bringe Pflanzen hervor,
die Samen tragen,
und Bäume, die Früchte tragen.
Es geschah so
Das Land brachte junges Grün hervor,
alle Arten von Pflanzen und fruchtbaren Bäumen
mit Samen nach ihrer Art.
Gott sah, dass es gut war.
Es wurde Abend und es wurde Morgen:
ein dritter Tag.

Und Gott sprach:
Es sollen Lichter werden am Himmel,
um Tag und Nacht zu unterscheiden.
Sie sollen Zeichen sein für Zeiten, Tage und Jahre.
Es geschah so
und Gott schuf die beiden großen Lichter:
das größere, das über den Tag herrscht,
das kleinere, das über die Nacht herrscht,
dazu noch die Sterne.
Gott gab ihnen ihren Platz am Himmel,
damit sie die Erde erleuchten,
den Tag und die Nacht bestimmen
und das Licht von der Finsternis trennen.
Es wurde Abend und es wurde Morgen:
ein vierter Tag.

Und Gott sprach:
Im Wasser wimmle es von lebendigen Wesen,
Vögel sollen fliegen über der Erde unter dem Himmel.
Und Gott schuf die riesigen Seetiere,
alle Arten von Wassertieren und gefiederten Vögeln.
Gott sah, dass es gut war.
Und Gott sprach seinen Segen über sie:

Seid fruchtbar und werdet zahlreich,
erfüllt die Wasser des Meeres
und die Vögel sollen viele werden über der Erde.
Es wurde Abend und es wurde Morgen:
ein fünfter Tag.

Und Gott sprach:
Die Erde soll hervorbringen
alle Arten von lebendigen Wesen:
Vieh, Kriechtiere und Tiere des Feldes.
Es geschah so
und Gott schuf die Tiere des Feldes,
das Vieh und die Kriechtiere,
ein jedes nach seiner Art.
Gott sah, dass es gut war.

Und Gott sprach:
Es sollen Menschen werden nach unserem Bild,
nach dem Gleichnis Gottes.
Sie sollen herrschen über die Fische des Meeres,
über die Vögel des Himmels und das Vieh
und über alle Kriechtiere auf dem Erdboden.
Und es schuf Gott den Menschen nach seinem Bild.
Als Abbild Gottes schuf er ihn.
Als Mann und Frau schuf er sie.
und Gott segnete sie und sprach zu ihnen:
Seid fruchtbar und werdet zahlreich,
bevölkert die Erde und macht sie zu eurem Zuhause,
herrscht gerecht über die Fische im Meer,
über die Vögel am Himmel und die Tiere auf dem Land.

Und Gott sprach:
Seht, ich gebe euch
alle Pflanzen, die Samen tragen,
und alle Bäume mit Früchten und ihren Samen.
Sie sollen euch Nahrung sein.

Allen Tieren der Erde und allen Vögeln des Himmels
gebe ich die grünen Pflanzen zur Nahrung.
Es geschah so
und Gott sah alles, was er hatte werden lassen:
Es war sehr gut.
Es wurde Abend und es wurde Morgen:
ein sechster Tag.

So wurden vollendet Himmel und Erde
in ihrer ganzen Fülle und Pracht.
Am siebten Tag vollendete Gott sein Werk
und ruhte von seiner Arbeit aus.
Und Gott segnete den siebten Tag und nannte ihn heilig.
Denn Gott ruhte nach der Vollendung der ganzen Schöpfung.

Das ist die Geschichte der Geburt und Entstehung
von Himmel und Erde aus der Hand Gottes.

*Ein Schöpfungsgedicht der Bibel*

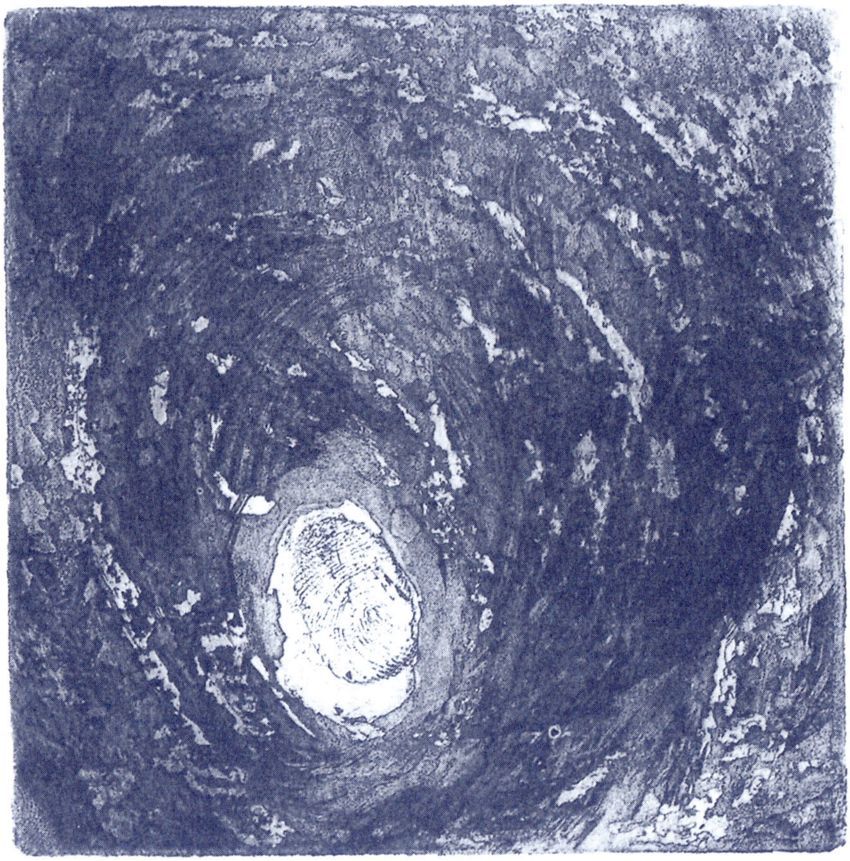

Das ist eines meiner Lieblingsbilder.
Betrachte es einmal eine lange Zeit!
Tritt ein in das Bild!
Schau hinein in die Dunkelheit!
Geh den Weg, der aussieht wie eine Spirale!
Lass dich hineinziehen in den Tunnel!
Freu dich über das Licht am Ende des Weges!
Da fängt etwas an.
Der Urknall: eine Lichtexplosion.
Erklären die Wissenschaftler.
Gott sprach: Es werde Licht!
Erzählen die Geschichten der Bibel.
Warum gibt es eine Welt?
Fragen die Menschen.

Aus dem Licht entsteht das Leben.
Siehst du den Fingerabdruck?
Es ist sicher der Finger des Künstlers,
der das Bild gemacht hat.
Ist es auch ein Hinweis auf eine Spur Gottes,
der Welt und Leben möglich macht?
Der Fingerabdruck ist wie alles Leben – einzigartig!
Die Linien auf deinen Fingern gibt es nur einmal.
Schau dir dieses kleine große Wunder an!
Auch dein Fingerabdruck ist gemeint auf dem Bild.
Auch du bist entstanden aus dem Licht am Anfang.
Bis heute kommt nach der dunklen Nacht
das Licht des Tages.
Die Welt und die Menschen stehen auf
und sind einfach da.

Anfänge sind oft langsam. Doch dann geht alles rasend schnell. Als das Leben auf unserem Planeten erst einmal entstanden war, hat es sich geradezu explosionsartig ausgebreitet. Schnell war klar: Die Erde ist für das Leben ein Paradies. Heute gibt es auf der Welt 1 750 000 verschiedene uns bekannte Arten von Lebewesen, vermutlich jedoch noch viel mehr unentdeckte Arten. Die meisten davon sind Insekten und andere kleine Lebewesen.

Die Zahl aller lebendigen Wesen auf unserem Planeten kann kein Mensch verstehen: 1 000 000 000 000 000 000 sind es schätzungsweise – diese Zahl heißt eine Trillion. Allein Vögel gibt es auf der Welt mehr als Sterne in unserer Milchstraße. Menschen leben zwar in großer Zahl, aber im Vergleich zum Leben insgesamt nur wenige auf der Welt. Auf jeden Menschen kommen 167 000 000 andere Lebewesen.

Stell dir vor, alle Lebewesen der Erde außer den Menschen müssten sich hintereinander aufstellen. Auf jedem Meter dieser Riesenschlange stehen im Durchschnitt, sagen wir mal, zehn Lebewesen. Das wird für die Elefanten sehr eng, aber da rücken die Ameisen etwas zusammen. Jetzt verteilen wir die Menschen gleichmäßig und reihen sie mit immer gleichem Abstand in die Lebewesen-Schlange ein. Die Entfernung von Mensch zu Mensch ist riesig: Auf einer Strecke von der Erde bis zum Mond stehen nur fünf Menschen. Die gesamte Schlange reicht übrigens mehr als 330 000 mal von der Erde zur Sonne und wieder zurück.

Aber gehen wir zurück zu den Anfängen: Von den Naturwissenschaftlern lernen wir, wie alles war und geworden ist. In der Bibel wird erzählt von der Wahrheit hinter dem, was war und geworden ist. Wir können uns auch selbst immer neue Geschichten vom Anfang gegenseitig erzählen. Darin können wir dann verstecken, was war und was Wahrheit ist. Die Idee dazu stammt von einer Geschichte, die ich sehr mag …

# Als die Welt noch jung war

Früher, als die Welt noch jung war, gab es noch keine Menschen. Die Kühe mussten noch nicht gemolken, die Hühner noch nicht gefüttert werden. Irgendwie kamen die Tiere auch so ganz gut zurecht. Das dauerte lange. Die Welt war weit und wild. Eines Tages erschien dann doch der erste Mensch, eine Frau. Sie blickte sich um. Nicht schlecht, sagte sie, das alles. Sie betrachtete die Dinge genauer. Gute Idee, diese Bäume, sagte sie unter einer hellgrünen Buche. Auch die Kühe und die Hühner leuchteten ihr ein. Gute Idee, diese Tiere, geben Milch, geben Eier und sind selber essbar. Sie nahm einen Melkstuhl, setzte sich unter eine Kuh und molk sie.
Woher kam der Melkstuhl?
Den hatte sie mitgebracht.
Sie hatte also Gepäck bei sich?
Nur einen Melkstuhl und eine Hand voll Hühnerfutter.
Gab es das dort, wo sie herkam, Melkstühle, Hühnerfutter?
Wie hätte die Frau das sonst mitbringen können!
Wo kam sie denn her?
Aus dem Ausland.
Und wie kam sie ins Ausland?
Da war sie schon immer. Hör mal, wie soll ich das wissen.
Erzähl die Geschichte doch selber!

Gut. Früher, als die Welt noch jung war, da war alles noch jung. Junge Sterne, junge Steine, junge Flüsse, junge Menschen, junge Vögel, junge Bäume …
Junge Häuser?
Auch.
Und Kühe? Und Hühner?
Kälbchen und Kükchen. Eine ganze kleine Welt, nicht viel größer als ein Tisch. Diese Welt lebte nur eine Woche. Die Menschen, die Tiere und Pflanzen verdursteten, die Flüsse vertrockneten, die Sterne ver-

löschten, die Steine, klein wie Sandkörner, zerstoben ins Leere. Eine schöne, aber kurze Welt. Dann war Ruhe, für mehr als tausend Jahre. Und nach mehr als tausend Jahren noch mal mehr als tausend Jahre. Dann entstand nach und nach eine neue Welt, diesmal nur Wolken und darüber der Himmel, darunter das Meer. Eine Wolken-und-Wellen-Welt.
Und dann?
Wolken und Wellen.
Und alles Übrige? Das muss ja eines Tages dazugekommen sein: das Gras, die Kühe, die Menschen, die Dörfer.
Nein.
Wie?
Nichts ist dazugekommen.
So ist die Geschichte hier fertig?
Nein, sie geht weiter, nur dass eben nichts Neues geschieht, sondern immer das Gleiche: Wolken und Wellen, Wolken und Wellen, Wolken und Wellen.
Und Wind?
Ja, Wind. Wolken, Wellen und Wind.
Und das Bett, auf dem du sitzt, das Fenster, der Garten, du selber und ich?
Gibt es nicht. Nicht in dieser Geschichte.
Wo denn?
Nirgends. Kein Land in Sicht.
Doch, das Paradies.
Ach!

Paradies hieß die Welt, als sie noch jung war. Menschen, Tiere, Pflanzen, Berge und Täler waren eben erst angekommen. Sie begrüßten einander. Ich heiße Eva. Und Sie? Adam. Ich heiße Adam. Und Sie? Löwe. Ich heiße Löwe. Und Sie? Dattelpalme. Ich heiße Dattelpalme. Und Sie? Quelle. Ich heiße Quelle. Und Sie? Forelle. Ich heiße Forelle. Und Sie? Libelle.

Adam fragte Eva: Entschuldigung, wissen Sie, wo wir sind? Im Paradies, antwortete Eva.
Paradies?, brummte Adam. Nie gehört.
Sie machten einen langen Spaziergang durch den großen Garten, gingen durch feuchtes Moos, über lockeren Sand und grüßten nach allen Seiten. Es war ein schöner früher Morgen. Alles neu, alles blitzblank. Die Elefanten winkten mit den Ohren, die Rosen dufteten wie verrückt.
Wir sind, sehe ich, die einzigen Menschen, sagte Eva. Wir werden einander wohl heiraten müssen.
Heiraten? Nie gehört, sagte Adam fast freundlich.
Heiraten heißt, wir bleiben zusammen. Zuerst aber müssen wir uns lieben. Damit fängt es an. Haben Sie etwas dagegen, wenn wir uns lieben?
Lieben? Nie gehört, sagte Adam.
Eva umarmte ihn und küsste ihn lange auf den Mund. Zwischendurch verschnaufte sie und sagte: Das ist Lieben. Adam hielt seinen Mund hin, und Eva küsste ihn weiter. Später, es war bereits Mittag, sagte er: Da habe ich nichts dagegen, es entspricht mir sogar irgendwie, dieses Lieben. Als sie das nächste Mal verschnauften, war es Abend. Ich möchte, dass wir uns du sagen, schlug Eva vor.
Adam sagte: Gern, liebe Eva.
So hat die Welt angefangen.
Fertig?
Ja. Besser, wir hören hier auf, solange sie sich noch küssen. Die Märchen sind am *Ende* glücklich, die Paradiesgeschichten dagegen am *Anfang*.
Dann fang ich noch einmal an.

Als die Welt noch jung war, musste das Leben erst gelernt werden. Die Sterne versammelten sich zu Sternbildern. Einige probierten zuerst eine Giraffe, dann eine Palme, dann eine Rose, bevor sie den Großen Bären erfanden. Andere bildeten ein kleines Mädchen, aus dem am Ende die Jungfrau entstand. Weitere Sterne hatten sich unterdessen zum Steinbock, zum Drachen, Stier oder Schwan zusammengestellt.

Einfacher hatten es da die Steine. Sie wurden unverzüglich hart und nahmen Gewicht an. Sie waren die ersten fertigen Dinge.
Die Sonne begann zu scheinen, sie lernte den Auf- und den Untergang. Was sie sonst noch versuchte, wollte ihr nicht gelingen. Sie sang beispielsweise. Doch ihre raue Stimme erschreckte die ganze Welt, die noch neu und empfindlich war. Der Mond wusste lange nicht, was er zu lernen hatte. Sollte er tatsächlich leuchten? Bei Tag verneinte er die Frage eher, bei Nacht bejahte er sie. Da er sich nicht entschließen konnte, machte er fortan beides: Er nahm zu und ab, wurde voll und wurde leer. Was er lernte, war die stetige Verwandlung.
Das Wasser lernte das Fließen. Es gelang ihm, als es merkte, dass es dafür nur einen Weg gab: immer abwärts, abwärts, abwärts.
Der Wind blieb lange still. So war er am Anfang eigentlich niemand und nichts. Irgendwie fand er dann aber heraus, dass er wehen konnte.
Es war einfach zu leben. Jeder musste nur erst entdecken, was genau dieses Einfache war. Für das Feuer jedenfalls etwas anderes als für das Holz, für den Fisch etwas anderes als für den Vogel, für die Wurzel etwas anderes als für den Zweig.
Die Welt nahm sich Zeit, um sich einzurichten. Dann lief alles fast wie von selbst. Der Regen musste bloß aus den Wolken fallen, um die Erde zu finden, die Menschen mussten nur die Augen öffnen, um zu sehen, wie gut alles war. Wenn jeder machte, was ihm am leichtesten fiel, war die Welt schon ziemlich in Ordnung.
War die Welt *noch* ziemlich in Ordnung …
Psst! Nicht weiter. Besser noch einmal von vorn. Diese Geschichte hat kein Ende, aber Anfänge hat sie, viele Anfänge. Früher, als die Welt noch jung war …

*Jürg Schubiger*

Vor einiger Zeit war ich auf einer Welt-Ausstellung: Die Länder dieser Erde zeigen in riesigen Hallen und extra dafür gebauten Häusern, wo und wie sie leben. Die Menschen stellen sich und ihr Land vor. Dafür haben sie sich viel Zeit genommen und viel Mühe gegeben. Viel Geld hat das gekostet. Überall gibt es etwas zu staunen. Eine eigene Welt entsteht auf der Welt. Am meisten jedoch habe ich mich über etwas anderes gewundert. Noch nie habe ich an einem Tag eine solche Menschenmenge gesehen. Heute stand in der Zeitung, es waren an diesem Tag auf der Ausstellung fast 300 000 Frauen und Männer, Mädchen und Jungen. Und jeder dieser Menschen ist anders und führt ein eigenes Leben. Den Reichtum des Lebens der über sieben Milliarden Menschen auf der Erde kann ich nur erahnen.

Papa hat mir erzählt, seit es uns – also den modernen Menschen – auf der Welt gibt, haben mehr als 110 Milliarden verschiedene Menschen gelebt: 110 000 000 000. – Wieder muss ich versuchen, diese Zahl anders zu verstehen. Ich schließe die Augen und stelle mir das Menschengewimmel auf der Ausstellung vor und zähle eine Minute lang, so schnell ich kann, diese Menschen – ich komme bis zweihundert. In einer Sekunde habe ich an mehr als drei Menschen gedacht. Wie lange müsste ich wohl so weitermachen, bis ich an die ganze Menschheit gedacht hätte, an jeden Menschen, der schon einmal gelebt hat? Mithilfe von Papa und meinem Taschenrechner habe ich es ausgerechnet. Nach einem Jahr wäre ich bei über 105 Millionen Menschen angelangt und hätte nicht eine Minute geschlafen. Erst nach siebenundfünfzig Jahren hätte ich an alle heute Lebenden gedacht. Um mich an jeden Menschen, der bis heute gelebt hat, einen kurzen Moment zu erinnern, müsste ich (und dann viele, die nach mir leben) insgesamt weit über tausend Jahre ohne Unterbrechung so weitermachen.

# Du kennst mich

Mein Gott, du kennst mich.
Ob ich sitze oder stehe, du weißt von mir:
Wer ich bin und was ich denke.
Ob ich ruhe oder gehe, es ist dir bekannt;
Du weißt, wohin ich meine Wege gehe.
Noch liegt mir das Wort nicht auf der Zunge –
du Gott weißt, was ich sagen will.
Du umgibst mich von allen Seiten
und hältst deine Hand auf und über mir.
Zu wunderbar bist du für mich,
zu hoch, ich kann dich nicht begreifen.
Wohin könnte ich fliehen vor dir,
wohin mich vor deinem Angesicht verstecken?
Steige ich hinauf in den Himmel, so bist du dort;
bette ich mich irgendwo ganz unten, auch da bist du.
Würde ich sagen: Finsternis soll mich bedecken,
statt Licht soll Nacht um mich sein,
auch die Nacht wäre für dich nicht finster,
die Nacht leuchtete wie der Tag,
die Finsternis würde Licht.
Denn ich bin im Innersten von dir geschaffen,
du hast mich werden lassen im Bauch meiner Mutter.

Ich danke dir, dass ich so wunderbar gestaltet bin.
Zum Staunen sind deine Werke.
Das erkennt meine Seele.
Als ich geformt wurde im Dunkeln,
kunstvoll entstand in den Tiefen der Erde,
war nichts an mir dir verborgen.
Deine Augen sahen, wie ich wuchs.
In deinem Buch war schon alles verzeichnet.
Meine Tage standen bereits fest,
als noch keiner von ihnen da war.
Wie undenkbar sind für mich deine Gedanken;
mein Gott, wie unendlich ihre Zahl.
Wollte ich sie zählen,
es wären mehr als alle Sandkörner auf der Erde,
mehr als Atome im Universum.
Und käme ich dabei zum Ende,
wäre ich noch immer bei dir.

*Psalm 139 – aus der Bibel*

Auf meinem Weg zur Schule gibt es zwei Kreuzungen mit Ampeln. Wenn ich mich mit meinem Fahrrad nach der ersten Ampel sehr beeile, schaffe ich es so gerade, die zweite Ampel bei grün zu überqueren. Wenn nicht, muss ich ein paar Minuten warten. Dann verläuft der Tag doch ganz anders. Wenn ich an der Schule ankomme, sehe ich andere Freunde, führe andere Gespräche, habe andere Gedanken.
In jedem Augenblick entscheiden Menschen sich für oder gegen etwas und verändern damit die Welt. Wenn ich jetzt dieses hier nicht schreiben würde, dann wäre die Welt anders.
Wie anders wäre mein Leben, wenn die Dinosaurier nicht ausgestorben wären. Wahrscheinlich gäbe es dann keine Menschen und mich schon gar nicht.
Wie anders wäre mein Leben, wenn ich in einer anderen Zeit geboren wäre, zum Beispiel im Mittelalter, als Kinder wie kleine Erwachsene behandelt wurden, die schon alles mitmachen mussten, was die Großen taten.
Wie anders wäre mein Leben, wenn ich an einem anderen Ort geboren wäre, zum Beispiel auf einer kleinen Insel ohne Fernsehen, Radio, Computer. Ich wäre dann ein ganz anderer Mensch geworden.

Nein falsch! Ich wäre ja gar nicht ich gewesen. Ich konnte nur zu meiner Zeit, an meinem Platz auf die Welt kommen,
geboren werden
als Kind von Mama und Papa,
als Nachfahre meiner beiden Omas und Opas,
meiner vier Ur-Omas und vier Ur-Opas,
meiner acht Urur-Omas und acht Urur-Opas,
meiner 16 Ururur-Omas und 16 Ururur-Opas,
meiner 32 Urururur-Omas und 32 Urururur-Opas,
meiner 64 Ururururur-Omas und 64 Ururururur-Opas
und so weiter und so weiter.

Nur weil vorher alles geschah, wie es geschah, konnte es mich geben. Dass ich nur ich werden konnte, ist kein Zufall, das ist ein Wunder!

# Ich bin ein Wunder

Ich bin ein Wunder:
kann gehen sehen
mich drehen
ganz wie ich will
kann lachen
Dummheiten
gar nichts machen
kann denken
schenken
ein Auto lenken
kann träumen
klettern in Bäumen
kann trinken
winken
mich wehren
mit Freunden
verkehren
Ich
du
er – sie – es
wir alle
sind Wunder

*Klaus Kordon*

Wenn ich mir vor dem Spiegel nur lange genug tief in die Augen schaue, meine ich, da steht eine andere. Und tatsächlich: Das Bild von mir spiegelt mir etwas vor. Die anderen sehen mich ja richtig, ich sehe nur mein spiegelverkehrtes Bild. Was an mir rechts ist, sehe ich im Spiegel, als ob es bei mir links wäre, und umgekehrt. Als ich das vor Jahren zum ersten Mal verstanden habe, war ich richtig erschrocken. Ich hatte immer eine falsche Vorstellung von mir. Die anderen hören mich ja auch anders als ich selbst meine Stimme höre. Als ich zum ersten Mal eine Handy-Aufnahme von mir gehört habe, konnte ich gar nicht glauben, dass ich das sein sollte, die da spricht. Nur die Worte und Gedanken erkannte ich wieder.

Nicht nur beim Hören und Sehen erscheint mir das so: Keiner ist mir so nahe wie ich selbst. Aber es bleibt ein Unterschied zwischen dem, was ich von mir erlebe, und dem, was ich wirklich bin, zwischen meinem Ich und meiner Seele. Dieser spannende Unterschied, schaurig und schön zugleich, hat mit Gott zu tun – auf irgendeine Weise, die ich noch nicht herausgefunden habe. Finde ich Gott in dem, was mir fremd ist an mir? Oder bin ich Gott dann nah, wenn ich mich besonders gut kenne und verstehe?

In der Bibel heißt es, Gott hat den Menschen nach seinem Bild erschaffen. Wenn der Mensch ein Abbild von Gott ist, dann sind Gott und Mensch einander sehr ähnlich. Da steht aber auch, die Menschen sollen sich kein Bild von Gott zum Anbeten machen. Denn Gott ist ganz anders als der Mensch. Gott und Mensch sind gleich und verschieden. So wird es sein, denn Gott ist für mich gleichzeitig fremd und vertraut, ganz in mir drin und ganz draußen, in der Ferne und in der Nähe. Gott ist weit und mir nah.

# Ich

**I**ch: Träumerisch, träge,
schlafmützig, faul.

Und **ich:** Ruhelos, neugierig,
hellwach, betriebsam.

Und **ich:** Kleingläubig, feige,
zweiflerisch, hasenherzig.

Und **ich:** Unverblümt, frech,
tapfer, gar mutig.

Und **ich:** Mitfühlend, zärtlich,
hilfsbereit, beschützend.

Und **ich:** Launisch, gleichgültig,
einsilbig, eigenbrötlerisch. –

Erst wir alle zusammen sind **ich**.

*Hans Manz*

Als ich klein war, dachte ich: Jedes Mal, wenn ein Mensch stirbt, wird dafür irgendwo anders ein Mensch geboren, damit das Leben weitergeht auf unserer Erde.

Heute habe ich gelesen: In jeder Minute ist auf der ganzen Erde 260 Mal der Schrei eines neugeborenen Babys zu hören – ein Weltkonzert ohne sichtbaren Dirigenten!

Und in derselben Zeit schließen 101 Menschen ihre Augen für immer auf dieser Erde – sie sterben friedlich, gewaltsam, nach langer Krankheit oder einfach, weil ihre Zeit hier vorbei ist. Die meisten Babys werden mit Freude und Spannung erwartet. Die Toten lassen meistens traurige Menschen auf der Erde zurück.

Lange Zeit hätte ich gern ewig gelebt. Aber je mehr ich darüber nachdenke, umso mehr zweifle ich daran, ob ich dann glücklich sein könnte. Eigentlich hatte ich als kleines Kind Recht. Das Leben bringt immer neues Leben hervor, das irgendwann an ein Ende kommt. Ohne ein Ende bräuchte es kein neues Leben zu geben und dann wäre das Leben gar kein Leben. Den Tod gibt es nur, weil es das Leben gibt – das Leben gibt es nur, weil es den Tod gibt. Wie kann ich verstehen, was Leben heißt, wenn ich gar nichts davon weiß, dass alles Leben einmal stirbt? Wie könnte ich glücklich sein, wenn ich niemals traurig wäre? Wer ewig leben könnte, der würde überhaupt nicht leben. Ein Leben ohne Tod wäre kein Leben. Nur wer sich verändert, wer wächst und alt wird, der lebt.

## doppelt so weit

ich bin neu auf der welt
und ich geh von mir weg
und ich geh zu mir hin
ich bin sechs monate
und ich geh von mir weg
und ich geh zu mir hin
ich bin ein jahr alt
und ich geh von mir weg
und ich geh zu mir hin
wie ich zwei jahre bin
und ich geh von mir weg
und ich geh zu mir hin
das ist mein vierter geburtstag

und ich geh von mir weg
und ich geh zu mir hin
als ein schulkind von acht jahren
und ich geh von mir weg
und ich geh zu mir hin
und erkenne mich mit sechzehn
kaum wieder
und ich geh von mir weg
und ich geh zu mir hin
der zweiunddreißigste ist ein schöner
geburtstag
und ich geh von mir weg
und ich geh zu mir hin
ich mit vierundsechzig
geh nicht mehr doppelt so weit

*Ernst Jandl*

In genau 17 Tagen habe ich Geburtstag. Ich fange immer früh an, die Tage zu zählen. Dann ist das Warten leichter und die Vorfreude größer.
An meinen letzten Geburtstag denke ich gern zurück. Als säße ich im Kino, habe ich Bilder vor Augen, wie wir bei strahlendem Sonnenschein im Garten spielten. Im Jahr davor regnete es und ich war krank. Die Feier musste verschoben werden. Gehe ich weiter in der Zeit zurück, verblassen die Bilder mehr und mehr. Selbst die Fotos von den Festen werden mir immer fremder: Das war ich vor sechs Jahren?
Wo bleibt etwas, was vergangen ist? Es ist weit weg und doch da, in der hintersten Ecke von mir versteckt. Manchmal reicht eine Geschichte von früher, die Mama erzählt, oder ein Geruch, eine Musik, ein Bild oder ein bestimmter Ort –, und alles ist wieder da, als wäre es gerade passiert.
An jedem Tag beginnt die Welt für mich aufs Neue. In jedem Augenblick werde ich ein neuer Mensch. Und doch sind die vergangenen Tage und Momente in mir und wirken weiter. Sie bleiben mir in Erinnerung und bestimmen mit, was ich denke und mache.

Nach sieben Jahren sind alle Zellen in meinem Körper erneuert. Und doch bleibe ich dieselbe. Ich verändere mich ständig und bleibe doch ich. Nach hundert Jahren sind fast alle Menschen gestorben, die heute leben. Nur wenige können noch ihren Geburtstag feiern. Die gesamte Menschheit wird sozusagen in einem Jahrhundert ausgetauscht. Und doch entwickelt sich die Menschheit, gibt ihr Wissen und ihre Erfahrungen weiter.
Mit den Erinnerungen in uns können wir Menschen heute leben und die kommenden Tage mit Hoffnung erwarten, von einem Geburtstag bis zum nächsten.

## Nicht vorüber

Was vorüber ist
ist nicht vorüber
Es wächst weiter
in deinen Zellen
ein Baum aus Tränen
oder
vergangenem Glück

*Rose Ausländer*

Gerade habe ich gesehen, wie ich als kleines Kind laufen gelernt habe. Papa hat damals meine ersten Schritte mit der Video-Kamera gefilmt, natürlich auch meine ersten Stürze auf den Boden. Unermüdlich bin ich zu dem Hocker im Wohnzimmer zurückgekrabbelt, habe mich hochgezogen, um immer wieder auf wackeligen Beinen ein paar Schritte zu laufen. Jede Teppichkante brachte mich zum Fallen, doch ich hatte einen Riesenspaß dabei, so wie Mama und Papa, die mich anfeuerten.

Ich habe wohl damals schon gespürt, dass das etwas ganz Wichtiges ist: zu gehen wie die Großen. Ohne Ende habe ich es geübt: Hocker – Gehen – Teppichkante – Fallen – Krabbeln – Hocker – Gehen ...

Jedes Kind lernt für sich, was die Menschen über Jahrtausende in kleinen Schritten entdeckt haben. Dass unsere Vorfahren in Ostafrika sich auf ihre beiden Füße gestellt und ihren Kopf hoch in den Himmel gehoben haben, war ein Riesenschritt für die Menschheit. Sie hatten die Hände frei, konnten die Welt besser überblicken, Gefahren sehen, Entdeckungen machen, einander in die Augen schauen.

Sowie ich als kleines Kind nicht mehrstillstehen konnte und endlos durch die Wohnung lief, wollte der Mensch immer weg von dem Ort, wo er lebte, und neue Wege finden. Stolz übte er das aufrechte Gehen. Neugierig hat er den Planeten erkundet und sich auf der ganzen Erde ausgebreitet. So was Ähnliches tun wir heute im Urlaub. Aber so sehr ich vor den Ferien weg will und Neues kennen lernen möchte, so gern komme ich am Ende der Reise wieder nach Hause zurück, wo ich mich auskenne und wo meine Freunde sind.

Als die Menschen meinten, ihre Erde genug zu kennen, wollten sie erst in die Luft und dann ins Weltall. Alle Mühen haben sie auf sich genommen, damit dieser Traum vom Fliegen – immer höher und immer weiter weg von ihrer Erde – wahr wird.

Als die Menschen es endlich schafften, sich in den Himmel zu erheben, mit einer Rakete ins All aufzusteigen, schwerelos im Weltraum zu schweben und sogar auf dem Mond zu landen, da erlebten sie eine Überraschung. Worüber sie am meisten staunten, war gar nicht das Weltall, nicht die Schwerelosigkeit, nicht der Mond, war nicht das Weg-Kommen. Es war das Zurück-Schauen, der Blick zurück zur Erde: auf die Schönheit dieser bunten Kugel im schwarzen All, auf der wir alle leben. Für diesen Anblick haben sich alle Mühen gelohnt!

Weg-Gehen und Wieder-Kommen gehören zusammen. Wer sich auf den Weg macht, seine Welt verlässt und sie von außen sieht, merkt, wie schön die Welt und das Leben auf ihr ist – trotz Teppichkanten und anderer Hindernisse – und kommt gern zurück.

# Der Astronaut

Als er durch des Himmels Bläue aufgefahren,
schien es, er bewege sich nicht länger fort,
und er hänge fest in dieser schwarzen Weite,
und die Erde drehe sich vor seinem Fenster dort.

Eine unfassbare Kugel nannte er nun Heimat,
und wie nie vorher kam sie ihm plötzlich nah,
da er, fern von ihr in den Unendlichkeiten,
stumm und reglos auf sie niedersah.

Und er liebte sie, die sich ihm zeigte,
weil sie doch der Menschen Mutter war,
immer noch die Söhne nährend und behausend,
aber auch durch sie in tödlicher Gefahr.

Während seiner Rückkehr zum Planeten
ward ihm klar: Die Erde ist nur eins.
Die da unten müssen miteinander leben,
oder es von ihr wird heißen: Leben keins.

*Günter Kunert*

Endlich Sommerferien, endlich sehe ich wieder das Meer. Gestern bin ich zum ersten Mal in meinem Leben mit einem Flugzeug geflogen, habe für mehr als zwei Stunden die Erde verlassen und von oben gesehen. Jetzt bin ich so weit weg von zu Hause wie noch nie, in Portugal an der Algarve.

Hinter einer sicheren Mauer schaue ich schon eine ganze Weile von der steilen Felsküste herunter auf das Wasser. Vorhin spiegelten sich noch die Sommer-Sonnen-Strahlen im Meer. Ich konnte mich gar nicht daran satt sehen. Tausende glitzernde Funken führten einen fantastischen Lichtertanz auf. Selbst die Linie am Horizont, wo Wasser und Himmel sich berühren, glänzte vom Sonnenlicht. Sie erschien mir ein wenig gebogen. Die Erde ist rund, dachte ich.

Nun geht in wenigen Augenblicken die Sonne unter. Nein, eigentlich dreht sich die Erde von ihr weg. Papa, der sich leise hinter mich gestellt hat, meint: Mit diesem Planeten bin ich jetzt schon vierzigmal um diese Sonne gekreist – eine lautlose Fahrt mit dem Erd-Karussell. Auch Papa hatte letzte Woche Geburtstag, vierzehn Tage nach mir. Ich habe gerade einmal elf Runden gedreht, murmle ich vor mich hin. Wie viel Fahrten es wohl werden und wo wir am Ende wohl ankommen, fragen wir uns beide.

Gut, dass wir es nicht wissen!

# Die Schritte

Klein ist, mein Kind, dein erster Schritt,
Klein wird dein letzter sein.
Den ersten gehn Vater und Mutter mit,
Den letzten gehst du allein.

Seis um ein Jahr, dann gehst du, Kind,
Viel Schritte unbewacht,
Wer weiß, was das dann für Schritte sind
Im Licht und in der Nacht?

Geh kühnen Schritt, tu tapfren Tritt,
Groß ist die Welt und dein.
Wir werden, mein Kind, nach dem letzten Schritt
Wieder beisammen sein.

*Albrecht Goes*

Was kommt nach dem Tod? Was wird mit mir passieren, wenn ich sterbe? Was wird mit meinem Ich, mit mir selbst, mit meiner Seele? Werde ich alle Menschen wieder sehen, die ich auf der Erde kannte? Werde ich im Himmel sein, bei Gott sein und wenn ja, was heißt das eigentlich genau?

Das sind Fragen, die ich meistens beiseite schiebe, die mich aber manchmal sehr bedrängen und die mir immer zu groß für eine einfache Antwort erscheinen. Wenn ich diese Fragen stelle, sind mir die Antworten der Erwachsenen eigentlich jedes Mal zu lang. Ich will darauf keinen Redeschwall aus beruhigenden Worten. Nein, nur die Fragen zu stellen, und erfahren, dass die Großen auch noch diese Fragen stellen und an diesen Fragen genauso zu knabbern haben: Das reicht mir eigentlich!

Ich glaube, ohne Fragen kann ein Mensch nicht richtig leben. Wie viele Fragen hat wohl eine Katze? Beim Abendbrot habe ich den anderen diese Frage gestellt. Mama meinte, Katzen haben keine Fragen. Mein Bruder stimmte zu, weil ihn noch nie eine Katze etwas gefragt hat. Papa meinte, sie hat sicher sehr viele Fragen, aber eben Katzen-Fragen, die uns Menschen verborgen bleiben. Ich denke, keiner von uns kann es wissen. Katzen haben einen fragenden Blick und bewegen sich geschmeidig wie ein Fragezeichen. Vielleicht haben sie aber auch nur Antworten, denn sie sind eigenwillig und wissen genau, was sie wollen.

Eins jedoch glaube ich zu wissen: Auch wenn Katzen tatsächlich Fragen haben sollten –, sie wissen es nicht, dass sie Fragen haben. Wer Fragen hat und weiß, dass er fragt, der ist ein Mensch.

## Kleine Frage

Glaubst du
du bist noch
zu klein
um große
Fragen zu stellen?

Dann kriegen
die Großen
dich klein
noch bevor du
groß genug bist

*Erich Fried*

Mama und Papa schauen abends meistens die Nachrichten im Fernsehen: sehen, was auf der Welt passiert ist. Heute war wieder sehr viel los. Bei einem Bombenanschlag in Israel hat ein Mann sich selbst und viele junge Menschen in einer Disco ermordet. In Deutschland wurde ein Afrikaner von Jugendlichen durch die Straßen gejagt und mit einem Messer schwerverletzt. Ein Familienvater in Amerika wurde zum Tode verurteilt, weil er seine Frau und seine beiden Kinder umgebracht hat.

Mich interessiert auch, was auf der Erde alles geschieht. Aber jedes Mal, wenn ich so etwas höre und sehe, wünsche ich mir, es wäre nur ein Film, erfunden und nicht wirklich wahr. Wenn ich mir so richtig vorstelle, was den Menschen Schlimmes passiert, könnte ich vor lauter Mitleid verzweifeln.

Warum tun Menschen so etwas Schreckliches? Warum bekämpfen sich Menschen gegenseitig? Warum bringt sich jemand mit einer Bombe am Körper um, damit völlig unschuldige Menschen in den Tod gerissen werden? Warum werden in unserem Land Flüchtlinge und Ausländer beschimpft, verfolgt und verletzt? Warum ermordet ein Vater seine ganze Familie? Und warum darf ein Gericht dann entscheiden, diesen Menschen zur Strafe töten zu lassen? So kommt das Töten unter den Menschen doch nie zu einem Ende!

Ich glaube, viel Schlimmes geschieht aus Angst vor allem, was anders und fremd ist. Dabei ist das doch das Wunderbare, dass jeder Mensch verschieden ist und dennoch gleich wertvoll. Auch wenn unsere Hautfarbe, Augen, Haare, Hände, Kleidung und Lebensart ganz unterschiedlich sind, wir stammen alle von denselben Vorfahren ab. Es gibt nur eine Gattung Mensch! Wir alle sind eine einzige Familie auf dem Planeten Erde, im Sonnensystem am Rande der Milchstraße, im unbegreifbaren Universum.

# Gedanken beim Anblick des Globus

Wenn man den Globus betrachtet,
könnte man denken:
Er ist eine Kugel,
es sollte doch alles schön rundlaufen darauf.

Wenn man den Globus betrachtet,
könnte man ebenso logisch denken:
Seine Achse steht schief,
ist deshalb so vieles schief gelaufen?

Was kann *er* denn dafür?
Für alles Verbogne und Krumme
müssen seine Bewohner,
seine Besiedler geradestehn.

*Hans Manz*

## Warum gibt es Krieg?

Wie oft habe ich diese Frage gestellt, mir selbst, Mama und Papa, den Erwachsenen überhaupt? Immer wieder entstehen Kriege, obwohl fast keiner sie will. Einzelne Herrscher im Land, die gierig sind nach Macht und Geld, nehmen den Krieg in Kauf. Viele machen mit oder tun nichts dagegen. Opfer sind meistens die Armen und Schwachen, die Kinder, die Frauen und die alten Leute.

Warum lässt Gott dieses ganze Leid zu? Warum greift Gott nicht ein? Warum hat Gott überhaupt böse Menschen geschaffen? Mama meint, Gott hat die Menschen so werden lassen, dass sie sich zwischen Gutem und Bösem entscheiden können. Jeder Mensch muss das Gefühl und die Entscheidung lernen für das, was Leben möglich macht, oder für das, was Leben zerstört. Jeden Tag müssen wir versuchen, uns für das Leben einzusetzen, auch wenn das oft schwierig und unbequem ist und Nachteile bringt.

Das verstehe ich: Wie könnte ein Mensch gut sein, wenn er nicht auch das Schlechte wählen könnte, wenn er gar nicht wüsste, was das Böse ist? Ohne diese Freiheit wären wir wie die Marionetten von einem Puppenspieler. Wir kommen aus Gottes Hand, aber Gott hat uns nicht in der Hand.

Mama hat mir dann noch von Jesus erzählt, der sich vor 2000 Jahren für die Armen und Kleinen, für die Kranken und Benachteiligten stark machte, sodass sie wirklich gesund wurden und wieder Mut zum Leben bekamen. Jesus hat sich für das Leben und gegen Gewalt entschieden. Er forderte von allen, sogar die Feinde so sehr zu lieben wie sich selbst. Weil er selber so lebte, hat er sich nicht gewehrt, als ihn die Römer, die damals das Volk der Juden beherrschten, töteten. Sogar am Kreuz hat Jesus trotz der Schmerzen und der Verzweiflung Gott gebeten, seinen Mördern zu vergeben.

Gewalt auszuhalten und gegen Gewalt anzugehen, ohne selbst brutal zu werden, erfordert viel Kraft und Mut. Ich weiß nicht, ob ich sie hätte. Angst kann Menschen nicht nur dazu führen, anderen wehzutun, sie kann auch verhindern, gegen Gewalt anzugehen. Dabei bräuchte doch der eine dem anderen nur rechtzeitig aufmerksam in die Augen zu schauen und zu spüren, dass dieser jemand ist wie er selbst!

# Die zwei Kämpfer

Zwei kämpften einen schweren Kampf miteinander. Der eine war groß, der andere war dick, der eine war schwer, der andere zäh, der eine war stark, der andere war wild.

Der Starke haute dem Wilden die Nase ein.
Da spürte er: Der hat ja eine Nase wie ich.

Der Wilde zerbrach dem Starken die Rippen.
Da spürte er: Diese Rippen knacken ja wie die meinen.

Der Starke bohrte dem Wilden ein Auge aus.
Da spürte er: Das Auge ist ja weich und empfindlich wie meines.

Der Wilde trat den Starken in den Bauch.
Da spürte er: Dieser Bauch gibt ja nach wie der meine.

Der Starke drückte dem Wilden den Hals zu.
Da spürte er: Der braucht Luft zum Atmen wie ich.

Der Wilde presste dem Starken die Faust in die Herzgrube.
Da merkte er: Dem schlägt ja ein Herz wie das meine.

Als die beiden hinfielen und nicht mehr hochkommen konnten, da dachten sie beide: Der ist ja wie ich, der da. Aber das nützte ihnen nicht mehr viel.

*Martin Auer*

Papa hat mir gestern Abend eine Rätselfrage gestellt, über die ich mir den Kopf zerbreche: Kann Gott einen Stein erschaffen, der so schwer ist, dass ihn Gott selbst nicht tragen kann?

Wir hatten vorher darüber gesprochen, ob Gott eigentlich wirklich alles kann, ob Gott allmächtig ist. Ich hatte mich nämlich auch bei ihm darüber beklagt, warum Gott eigentlich nichts gegen das Unglück auf der Welt tut. Ein wirklich guter und allmächtiger Gott müsste doch dringend etwas an seiner Welt ändern, auf der es drunter und drüber geht. Oder?

Papa meinte, er kennt keine schwierigere Frage im Leben (und ich glaube, er kennt eine ganze Menge). Auf diese Frage weiß er nur Antworten, bei denen er weiterfragen muss. Er sagte, wir wissen zwar nicht, wie viel mehr Leid auf der Welt es ohne Gott gäbe, aber das ist ein schwacher Trost für die, die im Unglück versinken.

Mir gefällt Papas Gedanke, dass Gott immer ganz besonders bei denen ist, denen es schlecht geht. Die Trauer muss gewaltig sein, wenn man wie Gott die ganze Welt überblickt. Und wenn dann noch das meiste Leid ausgerechnet von den Lebewesen kommt und die Lebewesen trifft, die Gott am liebsten hat: Soviel Mitleid schafft sonst niemand!

Dass Gott alle Macht hat, fällt mir immer schwerer zu glauben. Papa kann das verstehen. Er meinte aber, vielleicht ist die Macht von Gott eine ganz andere, als wir sie uns vorstellen können. Auf jeden Fall nicht wie die Macht eines Königs, der nach hundert Jahren wieder vergessen ist, nicht wie die Stärke eines Boxweltmeisters, der vielleicht im Denken schwach und im Leben ein Angsthase ist. Ja, und dann hat Papa mir die Frage mit dem Stein gestellt. Wenn er gleich nach Hause kommt, wird er mich nach meiner Antwort fragen.

Es ist wie verhext. Entweder versagt Gott beim Schaffen oder beim Tragen des Steines. Wir Menschen können Allmacht nur sehr winzig denken. Geht die Allmacht von Gott nicht weit über unsere Vorstellung hinaus?

Ich werde Papa gleich sagen, dass die Macht von Gott ganz anders ist. Gott macht sich nicht groß, eher ganz klein, so ohnmächtig wie Jesus am Kreuz war. So zeigt Gott uns, wie groß, wie stark, wie mächtig seine Liebe zu uns ist. Und was den Stein betrifft, kommt es gar nicht darauf an, wie groß und wie schwer er ist, wohl aber auf das Geheimnis seiner Entstehung und seiner Schönheit, auf ein Geheimnis, das er in sich trägt.

# Der Stein

Beim Sonntagsspaziergang im Wald hatte Stefan den Stein gefunden. Er war schwärzlichgrau. Die Oberfläche hatte nicht den kleinsten Riss, nicht einmal winzige Löcher, wie das bei Steinen oft vorkommt. Er sah aus wie poliert. Stefan trennte sich nicht mehr von seinem Stein, seit er ihn gefunden hatte. Er trug ihn in seiner linken Faust. Die Fingerspitzen berührten über dem Stein gerade eben den Handballen.

Der Stein passte in seine Hand, als wäre er darin gewachsen. Sie fragten ständig, wenn sie seine Faust sahen: »Was schleppst du denn da mit dir herum?« Als er ihnen wieder und wieder stolz denselben Stein zeigte, schüttelten sie den Kopf und sagten: »Du betust dich mit deinem blöden Stein, als wär's ein Edelstein.«

Für Stefan war sein Stein ein Edelstein. Es störte ihn nicht, dass sie bald gar nichts mehr sagten, sondern nur stumm den Kopf schüttelten, wenn sie ihn mit seinem Stein in der Hand kommen sahen.

Stefan malte sich oft aus, wie wertvoll sein Stein war. Irgendwann würde jemand kommen und ihn »mit Gold aufwiegen«. So hatte er das einmal sagen hören. Und er stellte sich das sehr schön vor: Auf der einen Waagschale lag sein Stein, in die andere rieselte, rieselte schimmernder Goldstaub, bis beide Waagschalen gleich standen.

Wenn Stefan allein war, ließ er den Stein von einer Hand in die andere fallen, sang dabei alle Edelsteinnamen, die er jemals gehört hatte: »Diamant, To-pas, A-me-thyst, Tür-kis, A-qua-ma-rin, Ru-bin, Sa-phir, Sma-ragd.« Einer der Namen passte zu seinem Stein. Stefan war sich ganz sicher.

Bevor er abends einschlief, hielt er den Stein in seinen beiden Händen. Wenn der Stein ganz warm davon war, legte er die Wange darauf und schlief so ein. Morgens erschrak er manchmal, wenn er verschlafen mit der Hand oder dem Gesicht gegen den kalten Stein stieß.

Als Stefan eines Tages von einem Museumsbesuch mit seiner Schulklasse nach Hause kam, schloss er sich nach dem Essen in sein Zimmer ein. Er setzte sich auf sein Bett und betrachtete lange, lange seinen Stein. Strich über die glatte Oberfläche. Dachte dabei an das, was er gesehen hatte: Versteinerungen. Dinge, die in Steine gepresst, zwischen Steinen, in Steinen Millionen Jahre alt waren: große Schneckenhäuser, Farnblätter, Muscheln, der Zahn eines Mammuts, Tierknochen, eine ganze Eidechse.
Stefan drehte und wendete seinen Stein. Bestimmt, ganz bestimmt war innen, ganz innen in diesem Stein so etwas unvorstellbar Altes. Natürlich kein Mammutzahn, kein Riesenschneckenhaus oder so was. Dazu war der Stein viel zu klein. Höchstens eine Muschelschale, ein winziges Farnblatt, vielleicht eine Blüte oder vielleicht … Stefan hielt den Stein an sein Ohr. Aber das war ja dumm. Eine Biene summt nicht mehr, wenn sie versteinert ist.
Tagelang ließ Stefan der Gedanke nicht los. Irgendetwas Geheimnisvolles war mit seinem Stein. Das hatte er immer gewusst. Wieder und wieder machte er verstohlen seine Faust auf und betrachtete die glatte, undurchsichtige Oberfläche des Steins. Stumm, undurchdringlich und geheimnisvoll lag der Stein auf seiner Hand.
Bis der Tag kam, wo es Stefan einfach nicht mehr aushielt. Er musste wissen, was seinen Stein so geheimnisvoll machte.
Er nahm einen Hammer. Legte den schimmernden Stein auf die Mauer vorm Haus. Strich noch einmal mit der Hand sacht über die glatte Oberfläche. Dann hieb er mit dem Hammer zu. Ein Stück sprang aus der Mitte des Steins. Risse wie ein Spinnennetz breiteten sich über ihn aus. Stefan pustete den Steinstaub weg. Nichts. Noch war nichts zu sehen.

Stefan hieb fester zu. Noch zwei Stücke. Stefan pustete. Nichts. Immer noch nichts. Wütend holte er aus und hieb ein drittes Mal zu.
Unter diesem letzten Hammerschlag zersprang der Stein in viele kleine, spitzige Stückchen. Mit zitternden Fingern wühlte Stefan in den Steinsplittern herum. Plötzlich fiel ihm dabei ein, dass er das Geheimnis des Steins, die Muschelschale oder die Blüte, mit seinen Hammerschlägen auch zerstört hätte. Fieberhaft drehte und wendete er jeden winzigen Splitter. Kein Blatt. Kein Muschelstückchen. Nichts. Nur Steinsplitter … Stefan fegte sie mit der Hand von der Mauer.

*Susanne Kilian*

Schon seit längerer Zeit sammle ich Edelsteine. Es fing damit an, dass ich an einem Teich einen Bergkristall fand, so groß wie ein Ei, teilweise geschliffen und abgerundet, teilweise gebrochen und gezackt. An einem anderen Tag hätte ich ihn vielleicht übersehen, aber nun hatten wir zueinander gefunden. Ein Mann in einem Edelsteinladen hat mir gesagt, dass der Stein fast vierzig Euro wert ist. Dafür würde ich aber meinen Schatz niemals hergeben!

Mittlerweile habe ich viele kleine Edelsteine geschenkt bekommen. Die verschiedenen Farben, Schattierungen und Muster bewundere ich immer wieder. Schon die Namen und die Herkunft der Steine sind geheimnisvoll: ein Rosenquarz aus Brasilien – ein Carneol aus Indien – ein Amazonit aus USA – ein Lapislazuli aus Afghanistan – ein Tigerauge aus Südafrika – ein Malachit aus Zaire. Besonders mag ich meine Achat-Scheibe, die vors Licht gehalten wunderschön leuchtet: Kreise in verschiedensten Brauntönen, die an die Jahresringe eines Baumes erinnern.

Wie alt diese Steine wohl sind? Was sie alles erlebt haben? Ach, könnten sie es mir doch erzählen!

# Der Stein meines Vaters

Am Anfang war ich aus Glut ein Brei.
Und Gott stand lachend und jung dabei,
rief Meereswogen und Regenbogen,
und etwas Sternenstaub herbei,
die mir als Paten zur Seite traten,
damit ich wachse und gedeih.

Mag lange her sein. Ich glaub, ich schlief
im Leib der Mutter der Erde tief.
Hab unterdessen manches vergessen,
bis Gott mich aus dem Dunkel rief.
Oh welche Wonne, das Licht der Sonne!
Oh, wie mein Leben anders lief!

Ich kenn die Wege von manchem Stern.
Den Wuchs der Bäume mag ich so gern.
Den Rauch von Kriegen sah ich verfliegen,
die Vogelzüge auch von fern.
Sah so viel Leben sich frisch erheben
und wieder gehn zu Gott, dem Herrn.

Und schließlich kam er, der alte Mann.
Er hob mich auf und er sah mich an.
Im Blick Verständnis, Liebe und Kenntnis.
Sein Hammer klopfte beharrlich an.
Es war wie Werben, Geburt und Sterben.
In seiner Hand zersprang ich dann.

Er hat sich staunend zu mir geneigt.
Ich hab mein Innerstes ihm gezeigt:
Die Meereswogen, den Regenbogen,
den Sternenstaub, der fällt und steigt.
Er zeigt an allen Wundern Gefallen.
Er sieht mich glücklich an und schweigt.

*Gerhard Schöne*

Seit einem Jahr ist in meiner Klasse ein Mädchen aus China. Sie heißt Yun und spricht jetzt schon sehr gut deutsch. Am Anfang verstand sie kein Wort. Als ich sie einmal mit ihrer Mutter chinesisch reden hörte, habe auch ich nichts verstanden. Ich konnte nicht einmal glauben, dass das, was ich hörte, irgendwas bedeutete. So ging es wohl Yun in der ersten Zeit mit allen Menschen in diesem fremden Land. Aber auch wenn ich das weiß, es ist für mich trotzdem schwer vorstellbar, dass unsere deutschen Wörter für andere gar nichts bedeuten.

Sprache ist schon etwas Merkwürdiges. Wenn man sie kennt, ist sie das Normalste der Welt. Ist sie fremd, erscheint sie wie von einem anderen Stern. Und manchmal werden sogar die eigenen, bekannten Wörter fremd. Da passt das Wort STIFT auf einmal nicht mehr zu dem Ding, mit dem ich gerade schreibe. Es wird immer sinnloser, je länger ich es mir vorsage und verstehen will, bis auf einmal dieses lange, dünne Gerät zum Schreiben in meiner Hand wieder STIFT heißt und nichts anderes.

Die Menschen der Welt sprechen über 6500 verschiedene Sprachen. Keine Sprache wird von so vielen Menschen gesprochen wie Chinesisch. Fast jeder sechste Mensch spricht chinesisch, nur jeder sechzigste Mensch deutsch.

Wir brauchen eine gemeinsame Sprache, um uns zu verstehen und miteinander zu leben. Wer eine eigene Sprache nur für sich erfinden würde und nur darin sprechen und denken würde, wäre bald sehr einsam. Papa meint: Sprache bringt die Welt zu uns und uns zur Welt. Aber die Welt ist zu kompliziert, um sie mit Wörtern genau zu erfassen. Beschreibe einmal, was die Birkenblätter im Wind tun. Sie wackeln, zucken, flimmern, flirren … Doch das alles ist es nicht. Mir fehlt dafür die Sprache. Und umgekehrt ist Sprache zu kompliziert, als dass sie die Welt genau so zeigen kann, wie sie ist. Beim selben Wort fallen verschiedenen Menschen ganz verschiedene Bedeutungen und Bilder ein.

# Wörter und Bilder

Das Wort Stein
dem und jenem,
jener und dieser in den Mund gelegt:
Einem Maurer
einer Gärtnerin
einem Friedhofbesucher
einer Ärztin
einem Zahnarzt
einer Kirschenesserin
einem Mühlespieler
einer Juwelenhändlerin
einem Hartherzigen
einer Bildhauerin
und zugesehen,
wie sich die Bilder
zum immer gleichen Wort verändern.

*Hans Manz*

(Backstein, Kieselstein, Grabstein, Gallen- oder Nierenstein, Zahnstein, Kirschstein, Spielstein, Edelstein, Herz aus Stein, Granit- oder Marmorplastik)

Ich liebe Bahnhöfe. Da gibt es immer was zu sehen. Hunderte von Menschen rennen wie in einem Ameisenhaufen durcheinander. Jeder scheint zu wissen, wo er hin will. Bleibt aber einer unschlüssig stehen, staut sich kurz der Menschenstrom und kofferbepackte Menschen schlängeln sich durch die Engpässe hindurch.

Ich sehe eilige Menschen und solche, die alle Zeit der Welt haben. Ich sehe erschöpfte, gelangweilte, genervte, abgehetzte, gleichgültige, einsame, frohe und jubelnde Menschen. Hier nimmt eine junge Frau traurig Abschied von ihrem Freund, dort feiern zwei ein freudiges Wiedersehen. Eltern geben Acht, dass sie ihre kleinen Kinder in dem Chaos nicht verlieren. Manche schreien sich ungeduldig an, andere helfen einander. Warten und Eilen, Suchen und Finden, Weggehen und Wiederkommen, Angst, Wut und Trauer, Hoffnung, Mut und Freude: Das ganze Leben ist auf dem Bahnhof zu entdecken.

Manchmal würde ich gern hineinsehen in die Leute, etwas wissen von ihren Gefühlen, von ihrem Leben, von ihren Reisen. Die eine bricht vielleicht auf in ein fernes Land, wo ein neuer Teil ihres Lebens beginnt. Der andere flieht vielleicht von seinem Zuhause, weil ihm dort alles zu viel wird. Ein Dritter ist vielleicht zufrieden, weil er nach langer Zeit endlich wieder einen Arbeitsplatz hat, zu dem er hinfahren kann. Noch eine andere sitzt vielleicht jeden Tag im selben Zug und träumt davon, ganz woanders hinzufahren.

Wovon träumst du?

# Im Zug

Oft habe ich Angst,
im falschen Zug zu sitzen.

Ich frage den Schaffner,
ob ich nicht umsteigen muss.
Er verneint es.

Ich bin unzufrieden.

*Wolfgang Bächler*

Wohin wird meine Lebensreise gehen? Werde ich zufrieden sein und glücklich? Welche Lebenswege werde ich gehen und welchen gehe ich aus dem Weg? Wie oft werde ich die Richtung wechseln und ganz etwas Neues anfangen? Was für einen Beruf werde ich haben? Werde ich einen Mann kennen lernen? Werde ich Kinder bekommen? Wo werde ich leben?

Mama meint, vieles im Leben erscheint einem zunächst als Zufall. Später merkt man, dass es eigentlich gar nicht anders kommen konnte. Sie hat es mir an einem Beispiel erklärt: Hätte mein Opa nicht durch seinen Beruf in eine andere Stadt umziehen müssen, wären Mama und Papa nicht in dieselbe Schule gegangen. So aber lernten sie sich kennen, wurden erst gute Freunde und Jahre später dann ein Ehepaar. Trotzdem, meinen Mama und Papa heute, war ihr Zusammentreffen viel mehr als ein Zufall. Sie wissen zwar, es hätte auch anders kommen können, doch sie glauben, es sollte so sein, damit sie zueinander finden. Mama nennt ein solches Ereignis Schicksal.

Was sie dann noch gesagt hat, habe ich nur zum Teil verstanden: Das Schicksal ist der eigene Weg im Leben. Manchmal wirst du auf diesen Weg geschickt, dann wieder kommst du von allein auf ihn. Du musst deinen Weg aber auch selbst herausfinden, um immer mehr dich selbst zu finden. Am Ende kannst nur du herausbekommen, wer du bist und wo dein Platz und deine Aufgabe auf dieser Welt ist. Sehr oft wirst du dich dabei zwischen mehreren Wegen entscheiden und einen Weg für dich finden, der dein Leben verändert. Und meistens spürst du es in dir, in deinem Herzen, welcher der Richtige für dich ist. Und den gehst du dann!

# Rund um die Welt

Du hast die Hand ausgestreckt
Und mit dem Finger in die Ferne gedeutet
Geh, hast du gesagt
Ich bin gegangen
Immer deiner Hand nach
Immer weiter weg von dir
Bis die halbe Welt zwischen uns war
Und dann immer näher hin zu dir
Ich habe die ganze Welt umrundet
Und irgendwann stand ich wieder vor deinem Haus

*Leonie Achtnich*
*12 Jahre*

Meine Eltern, meine beste Freundin Lena, mein Bruder und ich waren in den Herbstferien drei Tage in Paris. Am besten gefallen hat mir die Metro, die U-Bahn, die die ganze Stadt von unten wie bei einem Käse durchlöchert. Wir fuhren von Station zu Station, stiegen in die nächste Bahn, liefen durch ein Gewirr von Tunneln und Gängen, gingen über Laufbänder und Rolltreppen. Wie Fische im Wasser ließen wir uns im Strom der vielen Menschen treiben. In der Metro saßen wir uns gegenüber, fremde Menschen, manche abwesend in Gedanken versunken, manche gleichgültig, gelangweilt oder traurig, manche wach und freundlich. Eine sonderbare und ganz eigene Welt, in die die Menschen an einem Ort der Stadt hineintauchen, um an einer anderen Stelle wieder hervorzukommen.

Und das Verrückteste ist: Das geschieht an jedem Tag der Woche, auch wenn wir längst wieder zu Hause sind, auch wenn du jetzt diese Zeilen liest. Täglich gibt es dieses unterirdische Menschengewirr, auch wenn ich nicht dabei bin. In vielen Städten der Erde.

Es passiert so unendlich viel auf unserem Planeten. An jedem Tag auf unserer Erde entladen sich fast 100 000 Gewitterblitze, legen alle Hühner der Welt etwa 2 Milliarden Eier, werden ungefähr 1,2 Milliarden Briefe verschickt, feiern über 16 Millionen Menschen ihren Geburtstag, werden ungefähr 1,4 Milliarden Kilo Weizen und 1,5 Milliarden Kilo Reis geerntet, fallen über 100 000 Kilo Staub und kleine Steine aus dem Weltraum auf die Welt.

Ich kann nur an einem Ort sein. Und selbst dort kriege ich nicht alles mit, was geschieht.

# was brauchst du

was brauchst du? einen Baum ein Haus zu
ermessen wie groß wie klein das Leben als Mensch
wie groß wie klein wenn du aufblickst zur Krone
dich verlierst in grüner üppiger Schönheit
wie groß wie klein bedenkst du wie kurz
dein Leben vergleichst du es mit dem Leben der Bäume
du brauchst einen Baum du brauchst ein Haus
keines für dich allein nur einen Winkel im Dach
zu sitzen zu denken zu schlafen zu träumen
zu schreiben zu schweigen zu sehen den Freund
die Gestirne das Gras die Blume den Himmel

*Friederike Mayröcker*

Ich habe eine Frau kennen gelernt, die 738 Tage und Nächte in der Krone eines über 60 Meterhohen und 1000 Jahre alten Mammutbaumes in Amerika gelebt hat. Sie ist nicht ein einziges Mal heruntergeklettert. Leider war die Frau nur in einer Fernsehsendung, gern würde ich mal selbst mit ihr sprechen.

Kinder klettern auf Bäume, weil das Spaß macht, spannend ist und sie die Welt von oben sehen können. Die Baumfrau – sie heißt Julia Hill – ist aus Protest gegen eine große Holzfirma auf den Baum gestiegen. Mit ihrem eigenen Leben wollte sie die uralten Bäume vor den Holzfällern retten. Eigentlich dachte sie, nur drei Wochen dort oben zu bleiben –, es wurden mehr als zwei Jahre daraus. Während der ganzen Zeit musste sie aufpassen nicht herunterzufallen, besonders nachts und bei den heftigen Stürmen.

Die Leute von der Firma haben ihr Angst gemacht, sind sogar mit einem Hubschrauber um sie herumgeflogen. Die bitterkalten Winter haben es ihr schwer gemacht. Obwohl sie von Freunden mit Essen versorgt wurde, musste sie auf fast alles verzichten. Mit anderen Menschen war sie nur mit einem Handy telefonisch verbunden.

Seitdem sie vom Baum wieder heruntergekommen ist, ist für sie nichts mehr selbstverständlich. Sie sieht die Welt mit anderen Augen. Und das Beste ist: Am Ende hatte sie Erfolg. Die Bäume dürfen nicht gefällt werden, jetzt und auch in Zukunft nicht. Erst als das feststand, hat sie den Baum verlassen. Da war sie zugleich traurig, nicht mehr bei ihrem Baum sein zu können, und froh und dankbar, wieder auf der Erde zu sein.

Bäume sind für uns wie ältere Geschwister. Für unsere Vorvorvorfahren vor langer Zeit waren sie der wichtigste Lebensraum. Die Menschen haben sich das Stehen von ihnen abgeguckt. Wie wir stehen sie stolz und aufrecht. Bäume sind in der Pflanzenwelt das, was Menschen in der Welt der Lebewesen sind. Wir müssen zu ihnen halten, auch weil wir sie brauchen. Sie schenken uns Luft zum Atmen, Schatten zum Kühlen und Früchte zum Genießen.

## Vom Baum lernen

Vom baum lernen
der jeden tag neu
sommers und winters
nichts erklärt
niemanden überzeugt
nichts herstellt

Einmal werden die bäume
die lehrer sein
das wasser wird trinkbar
und das lob so leise
wie der wind
an einem septembermorgen

*Dorothee Sölle*

Als ich Papa von der Frau auf dem Baum erzählte, war er begeistert und bedankte sich bei mir mit einer anderen Baum-Geschichte. Gelesen hat er sie in einem Buch des Franzosen Jean Giono, der sie erlebt und aufgeschrieben hat. Erzählt hat Papa sie mir, als hätte er selbst sie erlebt, obwohl sein Leben erst viel später begann. Das hörte sich ungefähr so an:

## DIE GESCHICHTE VON DEM MANN MIT DEN BÄUMEN

Was ich dir erzähle, beginnt im Jahr 1913 ... Stell dir eine öde, ausgetrocknete Landschaft vor, irgendwo in Frankreich zwischen den Alpen und der Provence. Dort wandere ich schon seit Tagen und übernachte in Dörfern, die von den Menschen verlassen und völlig verfallen sind. Mein Wasservorrat ist zu Ende und die Sommerhitze macht meinen Durst langsam unerträglich. Da begegne ich einem Schäfer. Dieser stille freundliche Mann bietet mir frisches Wasser und sein Haus zum Übernachten an, damit ich wieder zu Kräften komme.

Ich lerne den Mann näher kennen und erfahre, dass er seit drei Jahren in dieser gottverlassenen Gegend Bäume pflanzt. Nur mithilfe einer Eisenstange bohrt er kleine Löcher und setzt Tag für Tag 100 Eicheln in den Boden. Elzeard Bouffier, so sein Name, ist mit 52 Jahren in die Einsamkeit gezogen, nachdem erst sein Sohn und dann seine Frau gestorben waren. Er ist überzeugt, dass auch dieses Land stirbt, weil die Bäume fehlen, und will daran etwas ändern. 100 000 Eicheln hat er schon in die Erde gelegt, von denen, wenn Gott es will, vielleicht 10 000 zu Bäumen heranwachsen. Er zeigt mir die Pflanzen und erzählt von seinen Plänen für die nächsten 30 Jahre. Ein einziger riesiger Wald soll hier entstehen. Am nächsten Tag nehmen wir voneinander Abschied.

Im Jahr darauf beginnt der Erste Weltkrieg und hält die Welt fünf Jahre in Atem. Ich habe keine Zeit über Bäume nachzudenken und vergesse den Mann und seinen verrückten Plan.

Nach dem Krieg jedoch zieht es mich wieder hin zu diesem alten Menschen und seinen jungen Bäumen. Und tatsächlich: Noch immer pflanzt er unerschütterlich Baum für Baum. Er hat sich von seinen Schafen getrennt, die die jungen Pflanzen fraßen, und züchtet nun Bienenvölker.

Der wunderbare Anblick der schon zehn Jahre alten Eichen und der jüngeren Buchen und Birken verschlägt mir die Sprache. So wandern wir den ganzen Tag schweigend durch einen Wald in einer Landschaft, in der es vorher nichts gab. Nur durch die Kraft und Ausdauer eines einzigen Menschen ist hier das Leben zurückgekehrt. Sogar die ausgetrockneten Bäche führen wieder Wasser.

Nach diesem überwältigenden Erlebnis besuche ich jedes Jahr den beharrlichen Alten und seinen immer größer werdenden Wald. Kein Rückschlag, keine Enttäuschung lässt ihn von seinem Vorhaben abbringen, obwohl er dafür keinerlei Anerkennung bekommt. Die Menschen in der Gegend wundern sich zwar über das erfreuliche Wachstum, doch selbst die Experten halten den Wald für eine unerklärliche Laune der Natur. Dabei ist es das Werk eines Menschen mit der Geduld Gottes.

Auch der Zweite Weltkrieg von 1939 bis 1945 kümmert den mittlerweile über Achtzigjährigen nicht. In einer Welt voller Krieg setzt er seine friedliche Arbeit fort.

Als ich nach dem Krieg wieder den Wald sehen will und auch zum letzten Mal seinen Vater Elzeard Bouffier, ist alles wie wunderbar verwandelt. Für den mittlerweile ganz verstummten Alten spricht nun sein Wald: Dort summt und raschelt, zwitschert und rauscht es. Die Luft ist sanft und voller Duft. Es fährt ein Bus in die belebten Dörfer, in denen glückliche Menschen in wieder errichteten Häusern leben. In der Mitte dieser Dörfer stehen Brunnen mit fließendem Wasser. Die Natur und die Menschen in ihr sind wie auferstanden. Und das alles, weil ein einfacher Mensch mit einer großherzigen Seele unbeirrbar seine Aufgabe gesehen und erfüllt hat. Im Jahr 1947 stirbt Elzeard Bouffier mit 89 Jahren in Frieden und lebenssatt.

Und heute? Was ist geworden aus seinem Wald?, fragte ich gespannt. Da konnte mir Papa nach der schönen Geschichte die Enttäuschung nicht ersparen. Alle Bäume wurden später von der Armee wieder gefällt: für unterirdische Atomraketenbunker, Schießplätze und Ölvorratsbehälter. Das ist entsetzlich traurig und lässt alles umsonst erscheinen. Was aber niemals vorüber sein wird, meinte Papa, ist die Erinnerung an einen Mann, der aus einer Wüste ein fruchtbares Land hervorbrachte. Was immer bleibt, ist diese Geschichte, solange sie weitererzählt wird, als wäre sie heute passiert, solange du sie weitererzählst, als hättest du sie erlebt. Dann wird die Geschichte plötzlich zur Gegenwart und kann die Zukunft verändern.

Ich habe sie hiermit weitererzählt. Jetzt bist du an der Reihe!

# Ich schenke dir diesen Baum

Ich schenke dir diesen Baum.
Aber nur,
wenn du ihn wachsen lässt,
da wo er steht;
denn Bäume sind keine Ware,
die man einfach mitnehmen kann.
Sie keimen und wurzeln
in unserer alten Erde,
werden hoch wie ein Haus
und vielleicht sogar älter als du.
Ich schenke dir diesen Baum,
das Grün seiner Blätter,
den Wind in den Zweigen,
die Stimmen der Vögel dazu
und den Schatten,
den er im Sommer gibt.
Ich schenke dir diesen Baum,
nimm ihn wie einen Freund,
besuche ihn oft,
aber versuche nicht, ihn zu ändern.
So wirst du sehen,
dass du viel von ihm lernen kannst.
Eines Tages sogar
seine Weisheit und Ruhe.
Auch wir sind nämlich Bäume,
die in Bewegung geraten sind.

*Harald Braem*

Seit drei Stunden regnet es Bindfäden. Der Himmel zeigt sich Grau in Grau und lässt die Sonne nicht einmal erahnen. So langweilig er aussieht, so langweilig ist mir.

Als Regen nervt mich Wasser meistens. Da ist mir die Sonne lieber. In Mamas Weltatlas steht, mehr als zwei Drittel der Welt sind vom Wasser der Ozeane bedeckt. Eigentlich müsste unsere Erde dann doch Planet Wasser heißen oder Planet Ozean. Die Flüsse durchziehen das Land wie die Blutadern unseren Körper. Ohne den Kreislauf des Wassers – vom Meer in die Luft, auf die Kontinente, in die Flüsse, zurück ins Meer – könnte das Leben auf der Erde nicht bestehen. Im Wasser ist das Leben entstanden, von den Einzellern bis hin zum Menschen. Jeder Mensch verbringt vor seiner Geburt im Bauch der Mutter viele Monate im Fruchtwasser. Während seines Lebens fließt Wasser durch ihn, denn der Mensch besteht zu zwei Dritteln aus Wasser- genauso wie die Erdoberfläche. Mehrere Wochen kann der Mensch ohne Nahrung leben. Er stirbt aber schon nach längstens zehn Tagen ohne Wasser. Er braucht das Wasser wie die Sonne.

Meinetwegen soll es also ruhig noch weiterregnen, wenn nur morgen wieder die Sonne scheint.

# Sonne 2000

Alle Tage weckt sie
mit ihren Strahlen die Erde.

Jedem Käfer im Gras
allen Blättern am Strauch
bringt sie Wärme und Licht.

Am schwülen Sommertag
hitzegeladen
zünden die Wolken den Blitz.

Winters entfernt sie sich weit –
aber ihr Feuer schlummert
im Scheit, im schwarzen Gestein.

Bliebe sie aus
bald zögen Kälte und
tödliche Nacht ins Haus.

*Werner Dürrson*

So gern würde ich einmal eine Sonnenfinsternis erleben! Papa hat mir nämlich von der totalen Finsternis in Deutschland im Jahr 1999 erzählt. Für kurze Zeit schob sich der Mond genau zwischen Erde und Sonne und machte den Tag zur Nacht. Zu sehen war ein wunderschöner Strahlenkranz um den schwarzen Mondball herum.

Er kann sich noch an die Aufregung der Menschen vor diesem seltenen Ereignis erinnern. Alle kauften Spezialbrillen, um die Augen zu schützen. Viele fuhren in den Süden, um das Schauspiel zu sehen. Doch die meisten waren enttäuscht, weil das Wetter nicht mitspielte. Wolken verdeckten den Blick auf die verdunkelte Sonne.

Manchmal brauchen wir das Besondere, um zu merken, dass schon das Alltägliche eigentlich außergewöhnlich ist. Wie gut das doch eingerichtet ist mit der Sonne. Ohne ihr Licht und ihre Wärme wäre Leben auf der Erde überhaupt nicht entstanden. Wäre sie kleiner oder größer, kälter oder heißer, näher oder weiter entfernt von uns, dann wäre das Leben auf der Erde unmöglich.

Vor vielen Jahrhunderten, als die Menschen den Grund für die Sonnenfinsternis noch nicht kannten, bekamen sie eine fürchterliche Angst vor der unerwarteten Dunkelheit. Sie meinten, die Welt gehe unter. Diese Befürchtung kann ich verstehen. Es ist ja auch gar nicht selbstverständlich, dass die Sonne so regelmäßig scheint. Papa sagt, sie tut das bereits seit ungefähr fünf Milliarden Jahren und wird das noch weitere beruhigende fünf Milliarden Jahre tun. Was uns betrifft, müsste das reichen!

Ich weiß noch, mit etwa fünf Jahren konnte ich an einem Abend nicht einschlafen vor lauter Angst, die Sonne würde in dieser Nacht für immer verlöschen. Mama und Papa haben mich beruhigt. Ich durfte in ihr warmes Bett, wir haben das Licht angelassen und am nächsten Morgen ging dann auch die Sonne wieder auf.

Vielleicht habe ich damals zum ersten Mal gespürt, dass alles nicht nur einen Anfang, sondern auch ein Ende hat. Alles, was entsteht, vergeht auch irgendwann wieder. Alles auf der Welt muss einmal sterben.

Weil wir Menschen das wissen, fragen wir nach dem Geheimnis des Lebens. Woher kommt das Leben, warum gibt es das Leben und was kommt danach? Weil wir so klein und zerbrechlich sind und unsere Zeit auf der Erde gegenüber der Ewigkeit nur wie ein Atemzug ist, wollen wir dieses Geheimnis des Lebens verstehen. Wir wollen staunen über die Kraft eines Samenkornes und über die Unendlichkeit des Weltalls. Deshalb blicken wir zum Himmel und suchen nach etwas, das größer ist als wir selbst. Und dabei ahnen wir, dass das Geheimnis und die Macht des Lebens stärker ist als der Tod.

# Irgendwo irgendwann

Irgendwo
außerhalb der Erde
über uns im All
wird es doch wohl Leben geben,
oder?
Wir wissen's nicht.

Irgendwann
wird es ein Mensch herauskriegen.
Und dann eine ganze Familie,
dann ein Dorf, eine Stadt, ein Land,
ein großer Kontinent
und auf einmal die ganze Welt.
Das wäre doch ein Wunder,
aber!
Wir wissen's nicht.

*Lena Oberthür*
*9 Jahre*

Gestern Abend waren wir in einer Sternwarte. Schon auf dem Weg dorthin fiel uns ein hell leuchtender Stern am Himmel auf, der Abendstern. Später erklärte uns der Mann in der Sternwarte, dass das der Planet Venus ist. Wir können die Venus nach dem Sonnenuntergang höchstens drei Stunden sehen. Denn die Venus ist der Sonne viel näher als die Erde und sie geht auf ihrer Innenbahn um die Sonne für uns auf der Erde bereits früh unter.

In einer großen Holzkuppel – die Sternwarte liegt am dunkleren Rand unserer Stadt – haben wir dann durch ein vier Meter langes Fernrohr in die Unendlichkeit des Weltraums geschaut. Es war eine klirrend kalte und sternenklare Winternacht. Die Sicht war fantastisch. Erst haben wir den Jupiter gesehen, den größten Planeten in unserem Sonnensystem, in den unsere Erde 1400 Mal hineinpasst. Am besten aber hat mir der Saturn gefallen. Seine Ringe aus kreisenden Staubkörnchen, Felsbrocken und Eisteilchen strahlten wie ein doppelter Heiligenschein. Es sind aber nicht nur die zwei Ringe, die unsere Augen sehen, sondern mehr als 100 000 einzelne Ringe! Auch von seinen mindestens 30 Monden konnte ich nur drei entdecken. Dieser Planet ist im Durchschnitt 1500 Millionen Kilometer von uns entfernt; doch er liegt im Vergleich zu anderen Sternen am Himmel sozusagen direkt vor unserer Haustür. Am Ende betrachteten wir ein Gebiet, in dem zur Zeit aus Gaswolken neue Sterne geboren werden. Bis zu diesem Orion-Nebel braucht sogar das schnelle Licht 1500 Jahre. Dagegen ist das Licht schon in gut einer Stunde beim Saturn und in gut einer Sekunde beim Mond.

Eins habe ich jetzt verstanden: Wer in den Himmel schaut und die Sterne betrachtet, der schaut in die Vergangenheit. Denn das Licht der Sterne ist lange Zeit unterwegs, bis es auf unsere Augen trifft. Stell dir vor: Die entferntesten Sterne, die wir kennen, sind mehr als 13 Milliarden Lichtjahre weit weg, sie haben also ihr Licht zu uns losgeschickt, lange bevor unsere Sonne und unsere Planeten entstanden waren. Wenn ein Stern ungefähr 2000 Lichtjahre von uns entfernt ist, hat er das Licht, das unser Auge heute erreicht, vielleicht gerade ausgestrahlt, als Jesus geboren wurde –, dann ist er ein Weihnachts-Stern für uns. Das Himmelszelt über uns breitet auf einem Lichterteppich die ganze Geschichte des Universums aus. Das Licht der Vergangenheit erreicht uns heute. Was vergangen ist, ist nicht vorbei.

Und dasselbe gilt ja auch umgekehrt: Wer zum Beispiel ungefähr 2000 Lichtjahre von uns entfernt von einem Ort der Milchstraße mit einem ausreichend guten Fernrohr auf die Erde blicken könnte, würde vielleicht gerade die Geburt Jesu erleben. Jedes Ereignis auf der Erde breitet sich mit Lichtgeschwindigkeit in alle Richtungen des Universums aus. Kein Augenblick im Leben eines Menschen geht verloren, solange sich das Weltall ausdehnt. Man muss nur von der richtigen Stelle in der richtigen Entfernung zur richtigen Zeit auf die Welt schauen. Was vorüber ist, ist nicht vorüber …

Wenn ich in die Sterne schaue, bin ich begeistert und erschrocken über die Weite des Alls. So viele Welten wären möglich, nur diese eine gibt es wirklich. Auch erfahre ich etwas über meine Grenze und über meine Größe. So klein komme ich mir in unserem Universum vor, doch so groß bin ich, um das zu erkennen. Meine Winzigkeit und Großartigkeit gehören zu mir, damit ich nicht ohnmächtig oder größenwahnsinnig werde.

Nach dem aufregenden Abend gestern bin ich früh am Morgen wach geworden. Jetzt, während ich im Bett sitze und dies alles aufschreibe, sehe ich durch mein Dachfenster einen hellen Stern: Ist es wieder die Venus, der selbe Planet jetzt als Morgenstern? Nein, das kann nicht sein! Dann ist es Jupiter, der zweithellste Planet am Himmel. Heimlich zwinkere ich ihm zu. Mir scheint, er antwortet mit einem leichten Funkeln. Mit ihm begrüße ich den neuen Tag in unserem einzigartigen Universum.

# Ein Schnurps grübelt

Also, es war einmal eine Zeit,
da war ich noch gar nicht da. –
Da gab es schon Kinder, Häuser und Leut'
und auch Papa und Mama,
jeden für sich –
bloß ohne mich!

Ich kann mir's nicht denken. Das war gar nicht so.
Wo war ich denn, eh es mich gab?
Ich glaub', ich war einfach anderswo,
nur, dass ich's vergessen hab',
weil die Erinnerung daran verschwimmt –
Ja, so war's bestimmt!

Und einmal, das sagte der Vater heut,
ist jeder Mensch nicht mehr hier.
Alles gibt's noch: Kinder, Häuser und Leut',
auch die Sachen und Kleider von mir.
Das bleibt dann für sich –
bloß ohne mich.

Aber ist man dann weg? Ist man einfach fort?
Nein, man geht nur woanders hin.
Ich glaube, ich bin dann halt wieder dort,
wo ich vorher gewesen bin.
Das fällt mir dann bestimmt wieder ein.
Ja, so wird es sein!

*Michael Ende*

Wieder habe ich etwas von mir selbst gelernt. Papa erzählte mir, vor einigen Jahren habe ich auf seine Frage: Was ist Leben?, geantwortet: DA-Sein. Und auf die Frage: Was ist Tod?, sagte ich: WEG-Sein. Das sind einfache Antworten, die es aber in sich haben. Denn sie helfen meinen Gedanken auf die Sprünge.

Alles, was es gibt, war vorher nicht DA, hat irgendwann angefangen und wird einmal WEG sein, nicht mehr bei uns. Was war vor dem Anfang und was wird nach dem Ende sein? Woher komme ich und wohin werde ich gehen?

Ich weiß, dass ich jetzt bin. Doch mich selbst und den jetzigen Moment kann ich nicht begreifen. Ich bin mehr als alle meine Körperteile. Ich bin mehr, als ich oder jemand anders von mir wissen kann. Ich bleibe mir selbst ein Rätsel. Und der Augenblick ist vorbei, sobald ich ihn erfassen will.

Mama meint, nur Gott hat keinen Anfang und kein Ende. Gott war vor der Zeit. Gott war immer schon DA und wird immer DA sein. Von diesem Geheimnis verrät schon der Name Gottes etwas. Mama erzählte mir aus der Bibel, dass Gott sich Mose am brennenden Dornbusch zeigte. Da hat Gott ihn seinen Namen wissen lassen. Der Name lautet JAHWE. In unsere Sprache übersetzt heißt das: ICH BIN DER ICH-BIN-DA UND DER ICH-WERDE-DA-SEIN-FÜR-DICH.

Ein merkwürdiger Name, finde ich, eigentlich mehr ein langer Satz, fast schon eine Geschichte. Gott ist wohl der Einzige, der sich selbst und die Zeit – was war, was ist und was sein wird – versteht. Wenn wir leben, wenn wir also DA sind, ist Gott DA. Und auch wenn wir tot sind, wenn wir WEG sind von dieser Erde, ist Gott DA.

Das sind beruhigende Gedanken.

# Wo?

Wo ist der unendliche Ozean, Mama?
Den all jene Wale und Haifische sahen, Mama? –
*Du schwimmst doch schon drinne, kleine Sardine,*
*Dummerchen du! –*
Quatsch, das ist Wasser, salzig dazu!

Ach, gibt es ihn wirklich, den Himmel, den blauen, Mama?
Den all jene Adler und Zugvögel schauen, Mama? –
*Du fliegst doch schon drinne, niedliche Biene,*
*Dummerchen du! –*
Quatsch, das ist Luft nur, farblos dazu!

Wo ist Gott zu finden, wo kann ich ihn sehen, Mama?
Um den alle streiten und doch nicht verstehen, Mama? –
*Er umfließt die Sardine, trägt dort die Biene,*
*dich hüllt er ein.*
*Er will in dir wohnen.* – Ich lass ihn rein!

*Gerhard Schöne*

In drei Tagen ist Weihnachten. Wie jedes Jahr werden wir dieses Fest feiern, uns einander etwas schenken, meine Omas und Opas besuchen und die Ferien genießen. Es ist eigentlich immer gleich und trotzdem bin ich ein bisschen aufgeregt. Ich weiß, was kommt, und es würde etwas fehlen, wenn es ganz anders käme.

Wir feiern den Geburtstag von einem Menschen, der vor ungefähr 2000 Jahren in einem fernen und fremden Land geboren wurde. Als Papa vorhin in mein Zimmer kam, um mir eine gute Nacht zu wünschen, habe ich ihn gefragt, warum wir uns nach so langer Zeit eigentlich noch an Jesus erinnern und von ihm erzählen. Vielleicht weil er selbst den Menschen so viel erzählt hat, meinte Papa. Er holte ein kleines Bild und fing auch an zu erzählen. Danach haben wir seine Geschichte gemeinsam für mein Buch aufgeschrieben (und das Bild ist auch dabei).

## DIE GESCHICHTE VON DEM MENSCHEN, DER GOTT SICHTBAR MACHTE

Vielleicht war es so: fast 14 Milliarden Jahre nach dem Urknall, nach der Entstehung des Universums und des Lebens gab es Wesen auf der Erde, die angefangen hatten zu sprechen, die »ich« und »du« sagen konnten, die fragen konnten, woher sie kommen und wohin sie gehen, da sie gemerkt hatten, dass für sie alle das Leben einen Anfang und ein Ende hat. Dieses Wesen – wir nennen es Mensch oder auch man, homme, uomo oder hombre – hatte vielleicht Hunderttausende von Jahren gebraucht, bis es eine erste Gottesahnung spürte. Zuerst hatten Menschen in ihren Bildern Gebete für die Götter an die Höhlenwände gemalt. Sie hatten in Liedern die Götter gelobt und ihren Kindern von ihrer Ehrfurcht gegenüber den Göttern erzählt. In Farben und Linien, Tönen und Klängen, Lauten und Worten kam Gott in die Welt der Menschen und die Menschen zu ihrem Gott. Und mit der Zeit erfuhren und erkannten die Menschen immer deutlicher, dass es ein einziger Gott sein muss, dem sie ihr Leben verdankten. Ein Gott, so einzigartig wie sie selbst. Immer mehr Menschen glaubten auf verschiedene Weise an diesen einen Gott. Viele glaubten an den Gott des Volkes Israel, der sich Abraham, Isaak und Jakob, Mose und vielen anderen aus diesem Volk gezeigt hatte.

Und Gott, der über diese fast unendliche Zeit die ganze Entwicklung bis hin zu seinen Menschen mit Geduld und Liebe beeinflusst, begleitet und beobachtet hatte, dachte und sprach: Jetzt ist die Zeit gekommen, ein neues und starkes Zeichen zu setzen, den Menschen zu helfen, mich und sich selbst zu finden und besser zu verstehen.

Und wieder – so erzählten später die Christen – begann es mit einem Ereignis im Weltall, ein Fingerzeig am Himmel für die, die den Kopf erheben und über sich selbst hinausschauen. Ein Stern zeigte den Weg zu einem Kind, das arm auf die Erde kam und viele Menschen, besonders die armen ganz reich im Herzen machte. Der Name des Kindes war Jesus, das heißt: Jahwe rettet – Gott befreit. Von Anfang an war etwas Eigenartiges mit diesem Kind. Es war ganz Mensch wie jeder andere und doch nicht nur von dieser Welt.

Als Jesus dreißig Jahre alt war, sammelte er Männer und Frauen um sich, die mit ihm durch das Land zogen. Seine Worte von Gottes Liebe und der Liebe zu Gott und zu allen Menschen beeindruckten viele. Sie merkten, er meint es ganz ernst. Sie ahnten, er kann nicht aus sich heraus so sprechen. Sie spürten, bei ihm ist Gott ganz nah. Menschen, deren Körper oder Seele krank war, wurden durch Jesus wieder gesund. Jesus erzählte Gleichnisse, Geschichten von einer neuen Zeit bei Gott, die mit ihm schon angefangen hatte. Das alles machte den Menschen Mut zum Leben in einer hoffnungslosen Zeit, in der die Römer als fremde Herrscher die Macht hatten. Die Römer aber hielten Jesus für gefährlich, sie fürchteten um ihre Macht und kreuzigten ihn.
Aber der Tod war nicht das Ende der Geschichte Jesu. Seine Anhänger waren in tiefer Trauer, als etwas ganz und gar Unglaubliches passiert sein muss. Sie erfuhren und glaubten: Jesus ist anders da und bleibt weiter nah bei uns. Auf der Erde ist er gestorben, doch er ist auferstanden wieder bei Gott und auch bei uns. Erst jetzt glaubten die Menschen und verstanden ein bisschen, was sie vorher nur ahnten: Jesus selbst ist auf eine unerklärliche, geheimnisvolle Weise gleichzeitig Mensch und Gott. Er ist ganz Mensch, wie jeder fühlt er Freude, Vertrauen und Liebe, aber auch Angst, Zweifel und Schmerz. Er ist ganz Gott. Er zeigt wie kein anderer, wie Gott ist. Er ist das beste Bild von Gott, den niemand sehen kann. Da merkten die Freunde von Jesus: Erlebt hatten sie

die Geschichte von Gott,
der Mensch wurde.

Nun steht diese Geschichte in meinem Buch. Es ist eine weitere Geschichte unserer Welt – wie meine kleinen Geschichten vom Anfang der Welt und des Menschen –, aus anderer Sicht erzählt und anders wahr. Wenn es so war, wie Papa erzählt und glaubt, dann frage ich mich: Wie wird sie wohl weitergehen, die Geschichte von Gott und den Menschen? Ich hoffe, ich werde noch viel davon erfahren, in meinem Leben auf dieser Erde und darüber hinaus.

# Für mehr als mich

Ich bin ein Sucher
Eines Weges.
Zu allem was mehr ist
Als
Stoffwechsel
Blutkreislauf
Nahrungsaufnahme
Zellenzerfall.

Ich bin ein Sucher
Eines Weges
Der breiter ist
Als ich.
Nicht zu schmal.

Kein Ein-Mann-Weg.
Aber auch keine
Staubige, tausendmal
Überlaufene Bahn.

Ich bin ein Sucher
Eines Weges.
Sucher eines Weges
Für mehr
Als mich.

*Günter Kunert*

Was ist denn das?
Eine Explosion, bei der sich eine Staubwolke ausweitet?
Ein Feuer, das ununterbrochen qualmt und raucht?
Ein Sturm, der über die Landschaft fegt?
Wasser, das aus einer Quelle sprudelt?
Eine Pflanze, die ohne Ende wächst?
Was siehst du?

Von der Mitte geht etwas in alle Richtungen,
breitet sich unaufhaltsam aus.
Entdeckst du am Rand die Umrisse von Gesichtern?
Sie sind verschieden und gehören doch zusammen,
bilden eine Gemeinschaft von Menschen.
Alle reden sie ohne Unterbrechung.
Es sind Worte, die sich ausbreiten
wie Erdstaub oder Feuer,
wie Wind, Wasser oder eine Pflanze.
Es sind Worte des Lebens, die die Menschen weitersagen.
Alle Menschen, die sie hören, begreifen diese Worte,
in allen Sprachen der Welt.
Die Bibel erzählt davon, dass dieser Traum wahr wird:
Alle Menschen verstehen sich,
weil sie eine gemeinsame Mitte haben,
weil sie ihr Herz von Gott und Gott im Herzen haben
– siehst du das Herz? –,
weil Gottes Geist in ihnen ist
und Gottes Atem sie erfüllt hat,
ein Atem, der Menschen lebendig machen kann,
vom Anfang bis zum Ende.
Die Anziehungskraft der Erde hält uns am Boden,
damit wir auf unserer Welt bleiben und nicht abheben.
Eine Himmelsanziehung, die von Gott kommt,
der Geist Gottes über und in uns erhebt uns,
lässt uns aufstehen und aufrecht gehen auf der Erde
und einander in die Augen schauen.

# Gemeinsam

Vergesset nicht
Freunde
wir reisen gemeinsam

besteigen Berge
pflücken Himbeeren
lassen uns tragen
von den vier Winden

Vergesset nicht
es ist unsre
gemeinsame Welt
die ungeteilte
ach die geteilte

die uns aufblühen läßt
die uns vernichtet
diese zerrissene
ungeteilte Erde
auf der wir
gemeinsam reisen

*Rose Ausländer*

Heute geht das Jahr zu Ende. Ich bin im Wald, zusammen mit meinem Buch, das nur noch wenige freie Seiten hat. Ein Jahr lang habe ich immer wieder etwas hineingeschrieben. Nun ist es ganz und gar mein Buch geworden. Über viele Fragen habe ich mit Mama und Papa nachgedacht. Jetzt möchte ich einmal ganz für mich allein sein.

Ich sitze auf einem entwurzelten Baumstamm. Vorhin habe ich beim Gehen den Schnee leise knirschen und hin und wieder Äste knacken hören. Jetzt erst bemerke ich die Ruhe des Waldes. Doch es gibt trotzdem eine ganze Menge zu hören: das Bellen eines Hundes in der Ferne, das Zwitschern von Vögeln in meiner Nähe, das sanfte Schwingen der vom Wind bewegten Bäume über mir. Alle diese Töne breiten sich in mir aus wie eine stille Musik, die mir gut tut.

Als der Baum, auf dem ich sitze, umstürzte, war der Lärm sicher gewaltig. Ob wohl ein Mensch dabei war und das gehört hat? Gab es dieses Geräusch überhaupt, wenn niemand es hörte? Die Stille entsteht doch auch erst in mir. Zur Musik gehört immer jemand, der sie hört. Ein Bild gibt es erst richtig, wenn es jemand ansieht. Eine Geschichte muss erzählt, gelesen und gehört werden. Wir selber werden lebendig, wenn wir von uns und anderen angeschaut und beachtet werden, wenn wir gefragt sind und andere uns zeigen, dass es uns gibt. Die Welt brauchte Luft, Wasser und Erde – Pflanzen, Tiere und Menschen, die zur Welt kommen, die die Welt sehen und hören, riechen, schmecken und fühlen können, die die Welt beleben. Sonst wäre die Welt nicht die Welt geworden, sonst wäre sie öde und leer geblieben. Und dich und mich gäbe es nicht.

Am Ende bleiben die Welt und wir selbst uns ein Geheimnis. Wie die Welt ist, wie wir wirklich sind, können wir nicht sagen, kann uns keiner sagen. Wir sehen die Welt und uns mit unseren Augen: immer anders und überraschend, einmalig und unergründlich, eine einzige große Frage.

Ich glaube, in diesem Geheimnis und in dieser Frage erfahren wir Gott. So kann Gott für uns zur Erklärung der Welt werden. Ich kann Gott erfahren, in mir und außerhalb, beim Blick in die Milchstraße und in meine eigene Tiefe, in den Schweizer Bergen und in Portugal am Meer, beim Anblick einer Zecke oder einer Ameise, wenn ich etwas von Jesus höre oder dir in die Augen schaue. Und ich entdecke: Kein Etwas, keine Sache, kein Ding auf der Erde ist Gott, aber Gott ist da und ich kann Gott in jedem Lebewesen und jedem Ding der Welt erkennen.

Gott denkt im Menschen und sieht die Welt und jeden Menschen an. Gott war von Anfang an mit dabei. Mit Gott konnte alles so werden, wie es ist, das Universum und die Erde, du und ich.

Wer denkt die Welt?
Am Anfang nur Gott,
und das bis heute und bis in alle Ewigkeit.
Später alles Leben auf der Erde.
Jedes Lebewesen nach seinen Möglichkeiten,
die Zecke und die Ameise,
die Katze und der Affe,
das Mädchen und der Junge,
die Frau und der Mann,
Die Menschen, immer besser, immer neu.
Ich und du, wir alle gemeinsam.

# Zweiter Vorhang zu!

## Darf ich mich am Ende verabschieden? Ich war und bin eure Nele.

Was wird nun geschehen, mit meinen Gedanken und den Gedichten und Geschichten in diesem Buch. Wer wird sie lesen, weiterdenken, weitererzählen? Wie werden sie sich verändern in euren Köpfen und Herzen? Werden sie vielleicht sogar ein wenig euch verändern? Darüber werde ich mir nicht den Kopf zerbrechen! Lieber bedanke ich mich für euer offenes Ohr und wünsche euch das Beste!
Dieses Buch konnte wie eigentlich jedes nur entstehen, weil es andere Bücher schon gibt. Zum einen habe ich die Gedichte und Geschichten und Bilder in Büchern gefunden. Zum anderen haben viele Ideen und Informationen aus Büchern meine Gedanken vorangetrieben. Deshalb nenne ich am Ende einige Bücher aus meiner Sammlung, auch als Tipps zum Weiterlesen:

## Neles Bibliothek

### Bücher mit Kindergedichten für alle


- Hans-Joachim Gelberg (Hg.): Überall und neben dir, Gedichte für Kinder, Beltz & Gelberg, Weinheim-Basel 1986 (in der Taschenbuchausgabe 2001).
- Hans-Joachim Gelberg (Hg.): Großer Ozean, Gedichte für alle, Beltz & Gelberg, Weinheim-Basel 2000.
- Ute Andresen (Hg.): Im Mondlicht wächst das Gras. Gedichte für Kinder und alle im Haus, Ravensburger, Ravensburg 1991.
- Edmund Jacoby (Hg.)/Rotraut Susanne Berner (Ill.): Dunkel war's, der Mond schien helle. Verse, Reime und Gedichte, Gerstenberg Verlag, Hildesheim 1999.

- Heinz Jürgen Kliewer (Hg.): Die Wundertüte. Alte und neue Gedichte für Kinder, Reclam Verlag, Stuttgart 1989.
- Ursula Zakis (Hg.)/Cornelia von Seidlein (Ill.): Wenn die weißen Riesenhasen abends übern Rasen rasen. Kindergedichte aus vier Jahrhunderten, Sanssouci-Verlag, Zürich 1998.

## Kinderbücher zum Nachdenken über Gott und die Welt

- Peter Bichsel: Kindergeschichten, Luchterhand Literaturverlag, München 1969/1995.
- Susanne Kilian: Kinderkram. Kinder-Gedanken-Buch, Beltz & Gelberg, Weinheim-Basel 1987.
- Michèle Lemieux: Gewitternacht, Beltz & Gelberg Verlag, Weinheim-Basel 1996
- Martin Auer: Der bunte Himmel. 23 Wunschgeschichten zum Lachen und Wundern, zum Nachdenken und Nachträumen, St. Gabriel, Mödling-Wien 1995.
- Jürg Schubiger: Als die Welt noch jung war, Beltz & Gelberg Verlag, Weinheim-Basel 1995.
- Jürg Schubiger: Mutter, Vater, ich und sie, Beltz & Gelberg Verlag, Weinheim-Basel 1997.
- Jürg Schubiger: Wo ist das Meer?, Beltz & Gelberg Verlag, Weinheim/Basel 2000.
- Jutta Richter: Der Hund mit dem gelben Herzen oder die Geschichte vom Gegenteil, Carl Hanser Verlag, München-Wien 1998.
- Marie Desplechin: Ich, Gott und Onkel Frederic, Arena Verlag, Würzburg 1998.
- Jostein Gaarder: Hallo, ist da jemand?, Carl Hanser Verlag, München-Wien 1999.
- Russel Ash: Die Welt an einem Tag, ars Edition, München 1998.
- Axel Weiß/Franz-Peter Burkard: Geheimnisvoller Kosmos. Wie Menschen sich die Welt erklärten, Herder-Verlag, Freiburg 1994.

*Eure Nele*

## Bücher

Alle Bücher dieser Welt
Bringen dir kein Glück,
Doch sie weisen dich geheim
In dich selbst zurück.

Dort ist alles, was du brauchst,
Sonne, Stern und Mond,
Denn das Licht, danach du frugst,
In dir selber wohnt.

Weisheit, die du lang gesucht
In den Büchereien,
Leuchtet jetzt aus jedem Blatt –
Denn nun ist sie dein.

*Hermann Hesse*

# Erster Vorhang zu!

## Darf ich mich am Ende noch vorstellen: Ich bin Neles Papa.

Zwar habe ich keine Tochter, die Nele heißt, aber Nele ist auf andere Weise trotzdem mein Kind. Auf einmal war sie da und mit ihr habe ich ihre Gedanken gedacht und ihre Gefühle erlebt. Und all das habe ich aufgeschrieben. Ich habe das als Erwachsener getan und deshalb anders als ein Kind. Doch die Kinder, mit denen ich Woche für Woche zusammen bin, und ganz besonders meine Tochter Lena und mein Sohn Daniel haben mir dabei mit ihren Gedanken geholfen. Und dann gibt es noch das Kind in mir, die Erfahrungen und Erinnerungen aus meiner Kindheit, die mir als Erwachsener im Innern geblieben sind. Schließlich haben mich – Nele hat es ja schon gesagt – viele Bücher auf neue Gedanken gebracht. Hier kommen noch einige hinzu, vielleicht zum Weiterlesen für die Erwachsenen oder für dich, wenn du mit diesem Buch größer wirst.

## Papas Bibliothek

### Bücher mit Gedichte-Sammlungen


- Der Neue Conrady: Das große deutsche Gedichtbuch von den Anfängen bis zur Gegenwart, Karl Otto Conrady (Hg.), Artemis und Winkler, Düsseldorf-Zürich 2000.
- Meine Deutschen Gedichte, gesammelt von Hartmut von Hentig, Kallmeyer, Velber 1999.
- Gedichte fürs Gedächtnis. Zum Inwendig-Lernen und Auswendig-Sagen, ausgewählt und kommentiert von Ulla Hahn, Deutsche Verlags-Anstalt, Stuttgart 1999.

## Bücher zum Nachdenken über Gott und die Welt

- Gerhard Staguhn: Die Rätsel des Universums, Carl Hanser Verlag, München-Wien 1998.
- H. Reeves/J.d. Rosnay/Y. Coppens/D. Simmonet: Die schönste Geschichte der Welt. Von den Geheimnissen unseres Ursprungs, Lübbe Verlag, Bergisch Gladbach 1998.
- Erwin Neu: Staunen ist der Anfang der Weisheit. Eine meditative Reise zum Ursprung des Menschen und des Kosmos, Kösel Verlag, München 2000.
- Michael Gleich u. a.: Life Counts. Eine globale Bilanz des Lebens, Berlin Verlag, Berlin 2000.
- Hans Cornelissen: Der Faktor Gott. Ernstfall oder Unfall des Denkens? Herder Verlag, Freiburg 1999.
- Eckhard Nordhofen: Die Mädchen, der Lehrer und der liebe Gott, Reclam Verlag, Stuttgart 1998.
- »Die Menschen lügen. Alle« und andere Psalmen, übertragen von Arnold Stadler, Insel-Verlag, Frankfurt a. M.-Leipzig 1999.
- Die Bibel (für die Schöpfungserzählung »Im Anfang«, eine Übersetzung von H.-G. Schöttler und F. W. Niehl).

Ich hoffe, dir hat gefallen, was Nele und mir eingefallen ist. Vielleicht hast du beim Lesen deine eigenen Gedanken, Fragen und Antworten wieder entdeckt, vielleicht sogar Neues zum Fragen, Nachdenken und Staunen gefunden: Das wäre schön!

Wenn du möchtest, kannst du mir deine Gedanken mitteilen. Schreibe einfach eine E-Mail an: R.Oberthuer@gmx.de.
Ich werde sie gerne lesen und Nele natürlich auch.

Ich öffnete den ersten Vorhang.
Jetzt ziehe ich ihn wieder zu.
Allein die Fragen bleiben offen.
Der Urknall war am Anfang
und auf der Welt bist heute du.
Dies Wunder gibt uns Grund zu hoffen.

*Dein Rainer Oberthür*

# Inhaltsverzeichnis

## Erster Vorhang auf!



## Zweiter Vorhang auf!

## Zweiter Vorhang zu!



## Erster Vorhang zu!

# Quellenverzeichnis

8 Aus: Reiner Kunze, Wohin der Schlaf sich schlafen legt. © S. Fischer Verlag GmbH, Frankfurt am Main 1991

10 Quint Buchholz, Das Kind unter dem Buch. Aus: Ders., BuchBilderBuch. Geschichten zu Bildern. © 1997 Sanssouci im Verlag Nagel & Kimche AG, Zürich

13 © Hans Manz

15 Aus: Jürg Schubiger, Wo ist das Meer? Beltz Verlag, Weinheim und Basel 2000. Programm Beltz & Gelberg, Weinheim

17 Aus: Peter Härtling, Die kleine Welle. © 1987 by Radius-Verlag, Olgastr. 114, 70180 Stuttgart

21 Aus: Martin Gutl, Aus der Sehnsucht. © Verlag Styria, Graz

24 Aus: Vasko Popa (1922–1990), Die kleine Schachtel. Aus dem Serbischen von Milo Dor. © 1993 im Wieser Verlag, Klagenfurt

28 Aus: Martin Auer, Der bunte Himmel. © 1995 by Gabriel Verlag in K. Thienemanns Verlag, Stuttgart-Wien

32 Aus: Martin Auer, Der bunte Himmel, a.a.O.

36 In: Walt Whitman, Salut au monde. Berlin 1946

38 Aus: Mascha Kaléko, In meinen Träumen läutet es Sturm. © 1977 dtv Verlagsges., München

40 Aus: Hans-Joachim Gelberg (Hg.), Großer Ozean. Beltz Verlag, Weinheim und Basel 2000. Programm Beltz & Gelberg, Weinheim

42 Aus: Hans-Joachim Gelberg (Hg.), Überall und neben dir (Gulliver TB). Beltz Verlag, Weinheim und Basel 1986. Programm Beltz & Gelberg, Weinheim

46 Aus: Hans-Joachim Gelberg (Hg.), Überall und neben dir, a.a.O.

48 Fassung des Autors unter Zuhilfenahme der Einheitsübersetzung und der Übersetzung von Heinz-Günther Schöttler/Franz W. Niehl (… bis Elija kommt. Erzählungen, Lieder und Gebete aus dem AT. Lesehefte für den Religionsunterricht Band 3. Katechetisches Institut Trier)

52 Thomas Zacharias, Es werde Licht! © VG Bild-Kunst, Bonn 2001

58 Aus: Jürg Schubiger, Als die Welt noch jung war. Beltz Verlag, Weinheim und Basel 1995. Programm Beltz & Gelberg, Weinheim

61 Fassung des Autors unter Zuhilfenahme der Einheitsübersetzung und der Übersetzung von Arnold Stadler (»Die Menschen lügen. Alle« und andere Psalmen, übertragen von Arnold Stadler. Insel Verlag, Frankfurt 1999

63 Aus: Hans-Joachim Gelberg (Hg.), Das achte Weltwunder. Beltz Verlag, Weinheim und Basel 1979. Programm Beltz & Gelberg, Weinheim

65 Aus: Hans-Joachim Gelberg (Hg.), Großer Ozean, a.a.O.

67 Aus: Ernst Jandl, poetische werke, hg. von Klaus Siblewski, Band 7 (die bearbeitung der mütze & der versteckte hirte & verstreute gedichte 5), S. 142. © 1997 Luchterhand Literaturverlag GmbH, München

70 Aus: Rose Ausländer, Einverständnis. © 1980 Pfaffenweiler Presse, Mittlere Str. 23, 79292 Pfaffenweiler

73 © Günter Kunert

75 Aus: Albrecht Goes, Lichtschatten du. Gedichte aus fünfzig Jahren. © S. Fischer Verlag GmbH, Frankfurt am Main 1978

77 Aus: Erich Fried, Lebensschatten. © Verlag Klaus Wagenbach, Berlin 1981, NA 1996

79 Aus: Hans Manz, Welt der Wörter. Beltz Verlag, Weinheim und Basel 1991. Programm Beltz & Gelberg, Weinheim

81 Aus: Martin Auer, Der seltsame Krieg (Gulliver TB). Beltz Verlag, Weinheim und Basel 2000. Programm Beltz & Gelberg, Weinheim

84 Aus: Susanne Kilian, Kinderkram (Gulliver TB). Beltz Verlag, Weinheim und Basel 1987. Programm Beltz & Gelberg, Weinheim

88 Aus: Gerhard Schöne, Das Leben der Dinge, CD. © Buschfunk Musikverlag GmbH, Berlin

91 Aus: Hans-Joachim Gelberg (Hg.), Großer Ozean, a.a.O.

93 Aus: Wolfgang Bächler, Nachtleben. © S. Fischer Verlag GmbH, Frankfurt am Main 1982

97 Aus: Hans-Joachim Gelberg (Hg.), Großer Ozean, a.a.O.

99 Aus: Dorothee Sölle, Fliegen lernen. © Wolfgang Fietkau Verlag, Berlin 1979

103 Aus: Hans-Joachim Gelberg (Hg.), Überall und neben dir, a.a.O.

105 Aus: Hans-Joachim Gelberg (Hg.), Großer Ozean, a.a.O.

108 © Lena Oberthür

111 Aus: Michael Ende, Das Schnurpsenbuch. © 1979 by K. Thienemanns Verlag, Stuttgart-Wien

113 © Gerhard Schöne

115 Thomas Zacharias, Sie gebar ihren ersten Sohn. © VG Bild-Kunst, Bonn 2001

117 Aus: Günter Kunert, Erinnerungen an einen Planeten. © 1963 Carl Hanser Verlag, München-Wien

118 Thomas Zacharias, Sie redeten in anderen Sprachen. © VG Bild-Kunst, Bonn 2001

120 Aus: Rose Ausländer, Ich höre das Herz des Oleanders. Gedichte 1977–1979. S. Fischer Verlag GmbH, Frankfurt am Main 1984

125 Aus: Hermann Hesse, Sämtliche Werke in 20 Bänden, Band 10, Die Gedichte. © Suhrkamp Verlag, Frankfurt

Rainer Oberthür

# NELES Tagebuch

Zum Staunen,
Nachdenken und
Mitmachen

Kösel

# Darf ich mich vorstellen …

Mein Name ist

**NELE**

ein Kind in den besten Jahren,
wie Papa immer meint.

Kennst du schon *Neles Buch der großen Fragen*? Wenn ja, dann kennst du mich schon und weißt zum Beispiel, dass ich mich immer so vorstelle wie gerade. Wenn nicht, kannst du mich und meine Gedankenwelt mit diesem Buch kennen lernen. Meine erste Entdeckungsreise zu den Geheimnissen des Lebens habe ich geschrieben, als Papa mir eines Tages ein Buch mit leeren Seiten schenkte. Nun stehen darin meine Lieblingsgedichte und -geschichten und natürlich meine eigenen Gedanken über das Leben und die Welt. Ein ganzes Jahr lang habe ich gebraucht, um sie aufzuschreiben, denn Bücher fallen nicht vom Himmel – sie brauchen Zeit. Am Ende war es ganz und gar *mein Buch* geworden, eben »Neles Buch der großen Fragen«.

Jetzt gibt es also ein zweites Buch von mir. Ich nenne es *Neles Tagebuch*. Dabei war es am Anfang gar kein richtiges Buch, sondern ein Schulheft. Immer wieder

habe ich darin wie in einem Tagebuch meine Fragen, Gedanken und Erfahrungen aufgeschrieben. Ich habe Geschichten, Gedichte und Bilder hinzugenommen, die mir gefallen und die zu meinen Gedanken passen. Eines Tages war das Heft voll und ich habe ein neues genommen ... und noch eins ... und noch eins. Irgendwann hatte ich fünf Hefte voll geschrieben! Papa hat mir dann geholfen, das Ganze in eine sinnvolle Reihenfolge zu bringen. Er hat sogar noch ein eigenes Heft hinzugefügt. In Papas Heft findest du all die vielen Dinge, von denen Papa meint, dass sie zu so einem Buch dazugehören: ein Inhaltsverzeichnis und eine Suchhilfe, damit die Leser sich in meinem Buch leichter zurechtfinden; ein Quellenverzeichnis, in dem genau aufgeschrieben ist, in welchen anderen Büchern ich die Bilder, Gedichte und Geschichten gefunden habe, mit denen ich meine Gedanken ergänzt habe, und ein so genanntes Impressum, wo genau steht, in welchem Jahr und bei welchem Verlag mein Tagebuch veröffentlicht wird, wo es gedruckt wurde und lauter solche Sachen.
Nun ist also aus meinen fünf Schulheften ein richtiges Buch geworden. Und darin findest du Erlebtes und Erfundenes, Witziges und Nachdenkliches zum Lesen und Schauen, zum Staunen und Weiterdenken über das Leben, über die Welt, über dich und die anderen und über Gott. Und es gibt noch etwas Besonderes. Dieses Buch soll ganz und gar *dein Buch* werden. Mein Tagebuch ist auch dein Tagebuch: ein Buch zum Mitmachen. Es ist noch nicht ganz fertig. An vielen Stellen hast du Platz für deine Fragen und Gedanken, Platz zum Schreiben und manchmal auch zum Malen. Und wenn der Platz im Buch nicht reicht und du Spaß am Mitmachen gefunden hast, besorgst du dir einfach so wie ich ein weiteres Heft oder ein leeres Buch und schreibst ein zweites Tagebuch.
Auch bei den Ideen zum Schreiben hat Papa mir geholfen. Es gehört nämlich zu seinem Beruf, Kindern zu helfen, ihre eigene Sprache zu finden und ihre Fragen und Gedanken ausdrücken zu können. Du brauchst also nicht (wie ich vor meinem ersten Buch) zu denken: Das kann ich doch nicht! Papa und ich helfen dir, denn wir wissen aus eigener Erfahrung: Zum Schreiben braucht man Hilfe – jemand, der einem Mut macht. Wir trauen dir das zu, denn jeder Mensch auf der Welt hat

etwas Wichtiges zu sagen. *Du bist gefragt!* Denn du bist einmalig und einzigartig. Du bist ein Original!
So wie die meisten Bücher wirst du auch dieses am besten Schritt für Schritt von vorne nach hinten lesen. Oft gibt es zusammenhängende Themen über mehrere Seiten oder ein Thema ergibt sich aus dem vorigen. Du kannst dich aber auch kreuz und quer – sozusagen in Sprüngen – durch das Buch lesen, denn jeder Text ist auch für sich allein verständlich. Außerdem findest du fünf verschiedene, immer wiederkehrende Elemente, die sich wie rote Fäden durch das ganze Buch ziehen. Sie heißen:

- **Total normal?**
  Experimente zum Staunen
- **Einfach tierisch**
  Fragen nach Woher und Wohin, nach Warum und nach Sinn
- **Das geheime Wissen der Pinguine**
  Kinderfragen als Schlüssel zur Wahrheit der Welt
- **Die vorgezeigten Dinge**
  Was Sachen mir sagen – mit Dingen was denken
- **Platz da, jetzt kommst du!**
  Die leeren Seiten

Wenn du genauer wissen willst, was du wo findest: Am Ende des Buches helfen dir die kleine Suchhilfe und das große Inhaltsverzeichnis.

Ich wünsche dir viel Freude beim Weg durch mein und dein Buch!
Deine Nele mit Grüßen von Papa

Und jetzt geht es los: Nun kannst *du* dich vorstellen!

## Auch ich stelle mich vor

Ich bin einer von über ________ Milliarden Menschen auf der Erde.

Aber mich gibt es nur einmal im ganzen Universum.

Mein Name ist ____________________

ein Name von ungefähr ______ Namen in meiner Straße.

Meine Straße heißt ____________________

eine von ungefähr ______ Straßen in meinem Ort.

Mein Wohnort ist ____________________

einer von ungefähr ______ Orten in meinem Land.

Mein Land heißt ____________________

eines von ungefähr ______ Ländern auf meinem Erdteil.

Mein Erdteil ist ____________________

einer von ______ Erdteilen auf unserer Welt.

Mein Planet heißt ____________________

einer von ______ Planeten in unserem Sonnensystem.

Mein Stern ist die ____________________

einer von mehr als ______ Milliarden Sternen in unserer Galaxie.

Meine Galaxie heißt die ____________________

eine von schätzungsweise ______ Milliarden Galaxien im Universum.

*Mein Universum gibt es schon lange,*

*es ist unvorstellbar groß,*

*doch ist es nicht ewig und nicht unendlich.*

*Was war vor ihm und was kommt danach?*

*Wo kommt es her und was ist dahinter?*

*Ist es aus Zufall da oder kommt es von Gott?*

*Ist Gott darin oder ist es in Gott?*

Beim Ausfüllen helfen Nachzählen, ein Stadtplan, ein Atlas, andere Bücher, das Internet, Mama und Papa oder du liest das Buch einfach bis zu seinem Ende.

# Erstes Heft

in dem Nele sich daran erinnert, wie sie Lesen und Schreiben gelernt hat, darüber nachdenkt, wann sie zum ersten Mal »Ich« gesagt hat, und wissen will, wie sie aussieht, wenn sie schläft. Außerdem wird in diesem Heft viel über die Seele und über die Zeit nachgedacht. Wir erfahren, warum wir immer zwei Taschen bei uns haben sollten und warum das Kamel müde guckt. Und schließlich verraten die Pinguine zum ersten Mal etwas aus ihrem geheimen Wissen.

Am Anfang – ein Bild.
Ich habe es in einem Buch gefunden.
Es erinnert mich an einen Ort,
zu dem ich gerne gehe.
Wenn ich allein dort bin,
an **meinem Lieblingsplatz,**
schaue ich und höre, denke nach,
und manchmal schreibe ich in mein Tagebuch …

*Es gibt Augenblicke,*
*da ist mir die Welt zu groß,*
*um sie in Worte zu fassen.*

*Dann gehe ich zu meinem Lieblingsplatz,*
*bin ganz allein, ganz für mich und ganz bei mir,*
*schaue gedankenverloren ins Wasser,*
*sehe den Enten nach,*
*wie sie still über den See gleiten.*
*Fast versinke ich im hohen Gras,*
*werde eins mit dem, was mich umgibt,*
*verliere mich und finde mich neu.*
*Ich bin auf dieser Welt*
*und diese Welt, das bin auch ich.*

*Und ich suche weiter nach Worten,*
*die das sagen, was ich empfinde,*
*in mir und auf der Welt.*
*Habe ich sie gefunden?*
*Werde ich sie finden?*

Als ich das letzte Mal an meinem Lieblingsplatz war, habe ich angefangen über **das Wunder der Buchstaben**, über das Lesen und Schreiben nachzudenken.
Weißt du noch, wie das war, als du Lesen und Schreiben gelernt hast? Am Anfang war da nur ein Chaos aus schwarzen Zeichen. Dann gaben sich erste Buchstaben zu erkennen. Du hast sie zu ganzen Wörtern zusammengefügt. Aus den Wörtern haben sich irgendwann Sätze aufgebaut. Die Sätze hast du schließlich zu einer Geschichte verbunden. Du konntest sie verstehen und hast gestaunt, wie das Geschriebene vom Papier in deinen Kopf wandern konnte.
Auch das Schreiben hast du in kleinen Schritten gelernt: erst die Buchstaben, die du zu Wörtern verbunden hast, die zu Sätzen wurden und eine Geschichte erzählten. Und wieder war es für dich ein kleines Wunder, wie die Gedanken aus deinem Kopf auf das Papier gelangen konnten. Lesen und Schreiben zu lernen ist sehr mühsam, doch wer es kann, versteht kaum, dass er es einmal nicht konnte. So wie das Schwimmen auch nur für den ein Rätsel ist, der nicht schwimmen kann.
Papa meint, dass schon kleine Kinder darüber nachdenken, wie die Wörter und das Sprechen und Denken, das Schreiben und Lesen zusammenhängen. Er hat mir von den Gedanken eines vierjährigen Kindes erzählt. Dieses Kind hat gesagt: »Was bin ich froh, dass wir Buchstaben haben. Denn wenn es keine Buchstaben gäbe, dann gäbe es auch keine Laute. Und gäbe es keine Laute, dann gäbe es auch keine Wörter. Gäbe es keine Wörter, könnten wir nicht denken. Und wenn wir nicht denken könnten, gäbe es keine Welt.«
Ich finde, das Kind hat völlig Recht. Die Welt entsteht für uns erst richtig, wenn wir sie denken und benennen können. Dafür brauchen wir die Sprache: gesprochen in Lauten, geschrieben und zu lesen in Buch-

staben und Wörtern. »Mit Schreiben und Lesen fängt eigentlich das Leben an«, steht auf einer kleinen Tafel aus Wachs, die ich neulich als Bild in einem Buch von Mama gefunden habe. Geschrieben haben das bereits vor mehr als 1500 Jahren Schüler als Schreibübung. Es stimmt: Eine neue Welt entsteht in uns, wenn wir lesen. Und wenn wir schreiben, können wir für uns und andere eine neue Welt erschaffen.

Mit Schreiben und Lesen fängt eigentlich das Leben an.
Wachstafel mit Schreibübungen aus dem 4.–5. Jahrhundert n.Chr.

Aber es gibt Momente, da können wir die Welt nicht mit Worten erfassen, können nicht über das reden oder das beschreiben, was wir erfahren haben. Doch wir versuchen es trotzdem immer wieder. Wir erzählen es anderen, wir schreiben es auf, so gut es geht. Was bleibt uns auch übrig? Wir sehen die Geheimnisse des Lebens und wollen sie zur Sprache bringen, in Worte kleiden und sie so ein bisschen verstehen. Wir sind nicht allein auf der Welt und wollen uns mitteilen. Wir wollen das Leben mit anderen teilen.

Ums Lesen und Schreiben geht es also hier in meinem Tagebuch. Ich selbst habe darin geschrieben, und ich habe auch Dinge hineingeschrieben, die andere Menschen, junge und ältere, vorher geschrieben haben. Du kannst es nun lesen – und du kannst immer wieder selbst vom Lesen zum Schreiben kommen – und das Geschriebene wieder anderen

zum Lesen geben. Vielleicht fangen die anderen dann auch an zu schreiben und es entsteht ein unendlicher Lese- und Schreib-Kreislauf.
Lass dir beim Schreiben Zeit! Habe Geduld mit dir! Auch ich habe meine Texte nicht direkt so aufgeschrieben, wie sie jetzt im Buch stehen. Immer habe ich auf einem Schmierzettel oder in einem Notizbuch begonnen. Ich habe den Text erst einmal liegen gelassen, ihn neu gelesen und manchmal ungefähr 123-mal verändert (oder fast so oft), bis ich irgendwann damit zufrieden war.
Schreibe deine Texte am besten zuerst woanders auf und erst dann ins Buch, wenn du zufrieden damit bist! Wenn du an einem Computer schreiben kannst, druckst du deine Texte vielleicht in der richtigen Größe zum Einkleben aus. Oder du gestaltest dein eigenes Buch – für zusätzliche oder für alle deine Texte!

Hier ist nun Platz für dich: zum Beispiel für ein Gedicht oder eine Geschichte zu dem Bild von dem Kind am See. Oder du malst dich an deinem Lieblingsplatz, wo du am liebsten ganz für dich allein bist.

Ich gratuliere dir: **Herzlichen Glückwunsch, dass es dich gibt!** Das ist alles andere als selbstverständlich. Damit du sein kannst, mussten sich einige Billionen Atome zusammentun und dich erschaffen. Eine Billion, das sind eine Million mal eine Million, also 1 000 000 000 000. Diese vielen Atome haben sich auf eine völlig neue und einzigartige Weise angeordnet. Sie konnten das nicht vorher üben. Kein Atom weiß etwas von sich und sie wissen auch nicht, dass es dich gibt, und doch sind sie zusammen einfach du und du wunderst dich manchmal, dass du überhaupt du bist. Wenn du die Welt mit Händen zu begreifen versuchst, tust du das als ein Mensch unter Milliarden Menschen mit deinem einzigartigen Fingerabdruck. Wenn du nachdenkst über Gott und die Welt, stehen dir dafür hundert Milliarden Nervenzellen in deinem Gehirn zur Verfügung und jede Zelle ist mit bis zu zehntausend anderen in Verbindung. Du bist ein Wunder, das ICH sagen kann.

ICH sage ich zu mir, seit ich ungefähr zwei Jahre alt bin. Erst habe ich immer nur meinen Namen gesagt, wenn ich mich meinte. Dann habe ich wohl irgendwann gespürt, dass ich ein Ich bin, dass jeder Mensch ein eigenes Ich ist, dass jedes Ich anders ist als jedes andere Ich, obwohl sie alle mit dem gleichen Wort benannt werden.

ICH BIN mal glücklich, mal traurig, mal mutig, mal ängstlich, mal himmelhoch jauchzend, mal am Boden zerstört. Ich glaube, ich kenne mich ganz gut, doch manchmal bin ich mir selbst völlig fremd. Ich kann mich durchaus überraschen, aber auch sehr enttäuschen.

ICH BIN GEFRAGT, denn ich merke, dass andere mich (zumindest meistens) mögen, dass meine Freunde was von mir halten und dass Mama und Papa zu mir halten. Ich bin gefragt, meine Meinung zu sagen, meine Antworten auf die Fragen des Lebens zu suchen und zu finden.

Ich bin und ich frage – ich bin gefragt und frage nach dem Ich und nach dem Du.

## Gedicht vom Ich

Ich bin ich,
na klar, oder nicht?
Ich bin ich,
kann jeder Mensch sagen.
Aber wer oder was
ist denn nun ein Ich?
Schon bin ich mittendrin im Fragen. –
Wo fängt Ich an?
Wo hört Ich auf?
Ist Ich immer gleich,
ob ich sitz oder lauf?
Ob ich sieben oder siebzig bin?
Ist mein Körper das Ich
oder steckt's mittendrin?
In der Brust, im Herz
oder unten im Bauch,
im Kopf, im Verstand
sitzt es ganz oben drauf?
Oder wohnt es mitten in meinen Gefühlen?
Vielleicht sitzt es irgendwie zwischen den Stühlen
und weiß selber nicht,
was es eigentlich ist.
Wenn's mir fehlt –
von wem wird das Ich dann vermisst?
Steckt mein Ich auch in meinem kleinen Zeh
und in den Füßen,
auf denen ich geh?
Ist mein Ich auch
in meinem eigenen Haar?
Ich fasse es an,
na klar isses da.
Und schneidet mir der Friseur klipp klapp
einfach von meinem Ich etwas ab?

Und dann der Zahnarzt oje, oje –
mein Ich, das schrumpft, wenn ich zu ihm geh.
So ein kleiner Schmerz, ja, das geht ja noch,
doch findet er in meinem Zahn dann ein Loch
und er zieht einen Zahn (der kommt niemals zurück) –
fehlt dann vom Ich nicht ein kleines Stück?
Und etwas, was ich auch gern wüsst:
Wenn jemand vor Glück ganz außer sich ist.
›Außer sich‹ heißt doch, raus aus dem Ich!
Manchmal versteh ich mich selber nicht.
Jemand ist außer sich vor Wut –
bleibt das Ich dann bei sich
und es geht ihm ganz gut?
Hab ich Sorgen und Angst
bis über die Ohren,
wird mein Ich so klein
als hätt ich's verloren,
und muss ich was tun,
was ich gar nicht mag,
dann jammert mein Ich
den ganzen Tag. ...
du musst ...
du sollst ...
du sollst ...
du musst ...
Das Ich verschwindet.
Es hat keine Lust.
Und wer viel Geld hat,
hat der auch viel Ich?
Und wer wenig hat,
der hat's eben nicht?
Vielleicht hat das Ich auch was
ausgeheckt,
als blaues Männchen sich in dir
versteckt,

lacht wie's Rumpelstilzchen,
sagt: Such nur, such!
Kauf dir ein kluges Ich-findungs-buch ...
oder auch dreizehn, davon gibt's genug,
mach dich auf die Suche nach deinem Ich,
suche und suche –
du findest es nicht.
Es ist kein Persönchen, hat kein Gesicht,
wenn du's finden willst, dann suche es nicht. ...

Du bist mit allem dein Ich,
was du tust,
wie du gehst, wie du atmest,
wachst oder ruhst,
wie du hörst, wie du siehst,
wie du riechst, wie du schmeckst
und dir nach dem Essen die Lippen leckst,
wie du fühlst, was du selbst und was andere sind,
kalt und warm, warm und kalt,
Welle, Wasser und Wind.
Dein Ich brauchst du gar nicht
gesondert zu suchen.
Das ist philosophischer Käsekuchen.
Du bist, was du bist in deinem Leben.
Dich kann's auf der ganzen weiten Welt,
so wie du bist,
nur einmal geben.
Es ist, wie es ist,
Punkt Komma und Strich:
Viele Grüße von meinem
an wen?
An dein
Ich.

*Fredrik Vahle*

Mein Bruder spielt manchmal gegen sich selbst Fußball. Du fragst dich, wie das gehen soll? Er zieht sich jeweils zwei kleine Fußballschuhe aus Gummi über seinen Zeigefinger und Mittelfinger. Seine Finger werden zu Beinen und versuchen einen kleinen weißen Ball ins Tor zu schießen. Seine rechte Hand spielt gegen seine linke Hand, von rechts nach links, von links nach rechts. Wenn ich ihn nach dem **Fingerfußball** frage, wer gewonnen hat, meint mein Bruder: Ich natürlich! Oder er sagt: Unentschieden, ich war einfach zu gut! – Aber welches Ich meint er dann bloß?

### Wer bist du?

Auf die simple Frage, wer sie sind,
sagen viele Leute ihren Namen.
Oder sagen, was sie gerade tun
und wofür sie ihr Gehalt bekamen.

Auf die Frage, wer sie wirklich sind,
haben solche Leute nichts zu sagen,
und weil diese Frage ihnen peinlich ist,
meinen sie: So hat man nicht zu fragen.

Auf die Frage, wer es selber sei,
sagte mir ein Kind, vertieft ins Spielen:
Ich bin ich – das weiß ich ganz genau.
Diese Antwort wünsch ich mir von vielen.

*Heinz Kahlau*

## Wer bist du?

ICH bin ICH.

# Total normal?

## Experimente zum Staunen

Unter dieser Überschrift findest du kleine Experimente, die etwas ganz Alltägliches hinterfragen. Sie zeigen, dass sogar das Selbstverständlichste eigentlich zum Staunen ist. Sie helfen uns, über das Leben und uns selbst, über Gott und die Welt nachzudenken.

### Sich selbst beim Namen nennen

Für dieses Experiment brauchst du einen Raum, in dem du nicht gestört wirst, und Stille um dich herum. Am besten nimmst du dein eigenes Zimmer, das dir vertraut ist. Es geht um deinen Namen, den du sehr gut kennst, weil du seit deiner Geburt mit diesem Namen angesprochen, gerufen, gelobt und auch mal angemeckert wirst. Es gibt dich nur als ein Mensch, der so heißt, wie du heißt. Wärst du mit einem anderen Namen nicht auch ein anderer Mensch geworden?

Lege dich auf den Boden, auf das Bett oder das Sofa und lausche auf die Geräusche, die trotz der Stille noch um dich herum sind oder von draußen hereinkommen. Werde selber still und bereite dich darauf vor, dass du selbst gleich die Stille unterbrechen wirst mit einem einzigen Wort.

Nun spreche deinen Namen aus – nichts anderes. Nur dein Name schwebt hörbar im Raum. Verändere deine Stimme: Rufe deinen Namen mal fragend, mal freudig, mal entsetzt, mal erstaunt, mal ängstlich, mal hoffnungsvoll, mal enttäuscht, mal liebevoll. Dann wiederhole den Namen im immer gleichen Tonfall. Spreche ihn mit Pausen wieder und wieder. Zehnmal – zwanzigmal …

Am Anfang bist du wohl mehr der Sprecher deines Namens. Aber mit der Zeit wirst du immer mehr auch zum Hörer deines Namens. Bist du nun der, der ruft, oder der, der hört? Es gibt dich doch ganz sicher nur

einmal. Jetzt aber kannst du in zwei Rollen schlüpfen. Du spürst dich zweimal! Willst du etwas von jemandem oder will jemand etwas von dir? Meinst du dich selbst?
Dein Name ist dir doch so bekannt wie kaum etwas – und doch kommt er dir jetzt vielleicht ganz fremd vor, je öfter du ihn hörst, gesprochen von dir selbst. Vielleicht ist dir diese Fremdheit sogar etwas unheimlich oder schwindelerregend.
Wenn du genug davon hast, dann sage einfach als Hörer: Ist ja gut, ich komm ja schon! Und als Sprecher: Ach, da bist du ja. Schön, dass wir wieder zusammen sind!
Du bist doch *ein* Mensch mit *einem* Namen – einzigartig!

*SeelengedICHt*

*Manchmal, da bin ich mir fremd,*
*da kann ich mich selbst nicht verstehen,*
*sitz dort in Hose und Hemd,*
*könnte auch als jemand anders gehen.*
*Dann ist das Wort ICH mir zu blass und zu klein.*
*Dann passt in dies ICH kein Geheimnis mehr rein.*

*Doch jetzt habe ich ein Wort entdeckt,*
*das zeigt mir etwas Großes an,*
*das ist sehr tief in mir versteckt,*
*in jedem Kind, in Frau und Mann,*
*das macht mich einmalig, so wie ich bin,*
*ich meine die SEELE, die in mir drin.*

*Die SEELE, das bin ich selbst, doch sie kommt nicht von mir,*
*sie ist mir geschenkt, ich kann nichts dafür.*
*Ich kann sie zwar spüren, doch niemals betasten,*
*mal lebt sie leicht, mal trägt sie auch Lasten.*
*In ihr fließen Angst und Liebe, mal ist sie traurig, mal froh,*
*wenn immer gleich sie nur bliebe, wär viel Langeweile,*
*nie Risiko.*

*Sie ist wie die Raupe, die mühsam am Boden kriecht,*
*und dann ein Schmetterling, der mit mir himmelhoch fliegt.*
*Sie liegt im Schatten, ist einsam, gestresst,*
*sie ist die Sonne, die mich strahlen lässt.*
*Nur in mir kann sie sein, nur da gehört sie hin,*
*sie wird ewig bleiben, auch wenn ich hier nicht mehr bin.*

## Was ist die Seele?

Versuche einem Menschen, der alle Wörter kennt, nur das Wort SEELE nicht, zu erklären, was SEELE bedeutet! Folgende Wörter können dir dabei helfen:

Angst – Liebe – Herz – Auge – Spiegel – Ohr – Mensch – Mund – Kopf – Freude
Trauer – dunkel – hell – Gott – Mann – Frau – Himmel – Blut – Hand – Gefühle
Gedanken – Sonne – Freund – Segen – Tod – Leben – Verständnis – Erde

Oder du malst ein Bild, das anderen zu verstehen hilft, was die SEELE ist.

## Die Geschichte von den zwei Taschen

Gestern hat Mama mir eine Geschichte vom Ich erzählt, die ich zuerst nicht ganz verstanden habe:

Ein jüdischer Lehrer, er hieß Rabbi Bunam, sprach zu seinen Schülern: Jeder von euch muss zwei Taschen haben, um je nach Bedarf mal in die eine und mal in die andere greifen zu können:

In der einen Tasche liegt ein Zettel mit dem Satz:

Um meinetwillen ist die Erde erschaffen worden.

In der anderen Tasche liegt ein zweiter Zettel mit dem Satz:

Ich bin Erde und Asche.

Denkt immer daran: Ein Satz allein kann euch verderben, doch beide zusammen sind ein Schatz.

Dann hat mir Mama Sätze aus der Bibel gesagt und mich gefragt, in welche der beiden Taschen ich sie legen würde. Was würdest du sagen? Kreuze links für die erste Tasche oder rechts für die zweite Tasche an!

- [ ] Ich habe keine Kraft,
ich bin völlig zerschlagen.
*Psalm 38,9* [ ]

- [ ] Du bist in meinen Augen
wertvoll und herrlich.
*Jesaja 43,4* [ ]

- [ ] Mein Herz ist bereit,
dass ich singe und lobe.
*Psalm 57,8* [ ]

Die Angst meines Herzens
ist groß.
*Psalm 25,17*

Von dir
kommt alles Leben.
*Psalm 36,10*

Wie lange noch muss ich
Schmerzen ertragen in meiner Seele?
*Psalm 13,3*

Ich bin
wie ein zerbrochenes Gefäß.
*Psalm 31,13*

Du hast mich gebildet im Mutterleib.
Ich danke dir,
dass ich so wunderbar gestaltet bin.
*Psalm 139,13–14*

Inzwischen habe ich es begriffen. Die Geschichte zeigt mir mit dem ersten Satz, wie groß ich bin, wie einzigartig und besonders. Aber mit diesem Satz allein würde ich überheblich oder größenwahnsinnig. Ich brauche den Satz der anderen Tasche, der mir zeigt, dass ich nicht immer auf der Erde sein werde, dass ich eines Tages sterben werde. Und auch dieser zweite Satz allein wäre für mich keine Hilfe, würde mich klein und ohnmächtig machen. Nichts würde ich mir zutrauen.
Beide Sätze zusammen aber können mir helfen zu leben. Jeder Mensch ist klein, aber so groß, um das zu erkennen. Jeder Mensch ist groß, solange er nicht vergisst, wie klein er ist. Deshalb habe ich mir auch zwei Zettel geschrieben für meine Jackentaschen und trage sie nun immer bei mir.
Mama meint, die beiden Sätze haben viel mit Gott zu tun: So einzigartig und großartig hat Gott den Menschen erschaffen, doch so klein und begrenzt ist der Mensch gegenüber der Unendlichkeit Gottes.

Wenn wir unsere Größe vergessen, wird Gott für uns unendlich fern und vielleicht sogar bedrohlich. Wenn wir unsere Grenze vergessen, machen wir Gott zu einem Automaten, der unsere Wünsche erfüllt – und das ist Gott nicht. Oder wir machen sogar uns selbst zu Gott – und das sind wir nicht.

Heute habe ich versucht, mir eigene Sätze für meine beiden Taschen zu schreiben. Machst du mit?

## Für meine linke und rechte Tasche

| *Für meine linke Tasche* | *Für meine rechte Tasche* |
|---|---|
| Gäbe es mich nicht,<br>gäbe es die Welt auch nicht. | Ich bin wie Kreide,<br>die sich in Staub auflöst. |
| Die Freude steigt mir<br>bis zum Kopf. | Die Trauer spielt<br>bei mir im Herzen. |
| Die Sonne geht auf.<br>Ich freue mich meines Lebens. | Ich bin wie eine Sonne,<br>die untergeht. |
| | |
| | |
| | |

# Einfach tierisch

## Fragen nach Woher und Wohin, nach Warum und nach Sinn

Diese Überschrift kündigt immer eine Tiergeschichte an. Diese Geschichten zeigen, was uns Menschen beschäftigt und wofür wir Kinder oft ein besseres Gespür haben als die Großen: Für die Fragen nach dem Woher und Wohin, Fragen nach dem Ursprung der Dinge und nach der Zukunft und in allem die Frage nach dem Warum, die Suche nach dem Sinn. Ich beginne aber mit einer Warum-Geschichte über ein Tier, das das Fragen verlernt hat.

### Warum das Kamel einen müden Blick hat

Das Kamel war früher ein neugieriges Tier mit offenen Augen. Es lebte zu dieser Zeit noch in einem Land mit Gras und Apfelbäumen. Eines Tages aber zog es aus und wanderte lange, und eines andern Tages gelangte es an den Rand einer Wüste. Das Kamel war erstaunt: Nichts als Sand?, dachte es. Dahinter muss doch was sein! Und es ging auf die erste Düne zu und an ihr vorbei. Dahinter aber war nichts als noch eine Düne. Das Kamel ging weiter. Dahinter muss doch was sein, dachte es wieder und ging auch auf diese Düne zu. Doch wieder war dahinter nur eine neue Düne. So kam das Kamel, an zehn, hundert, tausend Dünen vorbei, immer tiefer in die Wüste hinein. Dahinter muss doch was sein, dachte es immer, muss doch was sein, muss doch was sein, muss doch …

Das Kamel ging weiter. Es wurde durstig und müde, und die Augenlider fielen ihm tiefer und tiefer über die Augen. Als es eben die letzte Düne vor sich hatte, verlor das Kamel auch seinen letzten Mut. Dahinter ist nichts, dachte es. Hinter der letzten Düne aber waren Bäume und eine Quelle im Schatten dieser Bäume. Das Kamel ging zum Wasser und fing an zu saufen. Nichts, dachte es. Das Kamel soff, es hatte die Augen beinahe geschlossen und dachte: Dahinter ist nichts, gar nichts.
Seit diesem Tage hat das Kamel einen müden Blick.

*Jürg Schubiger*

**Warum? Warum? Warum?** Unendlich viele Fragen warten noch auf die Antwort in einer Warum-Geschichte. Schreibe deine Warum-Frage auf und die passende Warum-Geschichte dazu! Oder du schreibst zu einer der folgenden Fragen eine Warum-Geschichte (übrigens findest du zu zwei Fragen überraschende Antworten in diesem Buch):

*Warum gibt es eine Welt und nicht nichts?*
*Warum ist die Erde rund?*
*Warum gibt es mich nur einmal auf der Welt?*
*Warum bin ich nicht als Fisch auf die Welt gekommen?*
*Warum kommt der Sonntag niemals nach dem Montag?*
*Warum gibt es unter den Menschen Pechvögel und Glückspilze?*
*Warum sind das Meer und der Himmel blau?*
*Warum gibt es auf dem Mond keine Menschen?*
*Warum ist die Welt im Traum erst wahr und danach nicht mehr da?*
*Warum meinen wir zu wissen, dass das Leben kein Traum ist?*
*Warum können wir Gott nicht sehen?*
*Warum lässt ein guter Gott so viel Leid und Unrecht auf der Erde zu?*
*Warum stellt der Mensch Fragen und warum verlernen manche das?*

## Meine Warum-Geschichte

# Das geheime Wissen der Pinguine

## Kinderfragen als Schlüssel zur Wahrheit der Welt

Hättest du das gedacht? Die Pinguine am Südpol sind weise Denker und wahre Philosophen. Wenn in den Polarnächten ein halbes Jahr lang die Sonne nicht aufgeht, ergründen sie das Wesen der Welt. Nur wenn Kinder ihnen Fragen stellen, erzählen sie ihre Antworten in Geschichten, die immer anders sind als erwartet und auf überraschende Weise wahr. Da die Pinguine wissen, dass Kinder als Prinzessin oder Prinz auf die Welt kommen, und weil sie Kinder sehr verehren, sagen sie *Euer Gnaden* zu ihnen. Als Erste öffnet die siebenjährige Jennifer Sittler mit ihrer Frage den Zugang zu dem geheimen Wissen. Sie hat erkannt, dass Menschen – und das gilt besonders für Kinder – in Bildern denken. Deshalb fragt sie: »Warum sieht man beim Denken Bilder?« Höre, was die Pinguine zu ihrer Frage zu sagen haben!

### Warum sieht man beim Denken Bilder?

Oh, wie recht diese Jennifer hat – mir ist, als sehe ich sie vor mir, denn ich sehe, was sie denkt. Sie denkt, ›Wie schön, dass heute endlich *meine* Geschichte drankommt.‹ Das kann ich gut verstehen, Euer Gnaden. Doch manchmal lohnt die Geduld! Und nun lest die Geschichte:

Das war damals, als einige Geschöpfe beschlossen hatten, blind zu bleiben – der Regenwurm und der Maulwurf und manche Schlangen und Blindschleichen. Die hatten auf Augen verzichtet und sich dafür Erleuchtung ge-

wünscht. Die wollten weder dem Schein noch dem Anschein folgen. Die wollten nicht sehen, sondern erkennen.
Das war damals edel gedacht von diesen Geschöpfen. Aber ohne ihre Kinder – die hatten sie gar nicht erst gefragt. Nun weiß man aber, dass gute Eltern zuerst mit ihren Kindern sprechen, bevor sie eine Entscheidung fällen, die auch ihre Kinder betrifft. Sonst werden die Kinder trotzig in ohnmächtiger Wut.
Die Regenwurmkinder beschwerten sich. Die Blindschleichenkinder waren böse. Die Maulwurfskinder maulten: Warum habt ihr uns nicht gefragt?!
So laut beschwerten sich die Kinder, dass alle Schöpfung aufhorchte. Was ist denn da los?
»Wir wollen Augen!«, riefen die Regenwurmkinder, »und nur, weil unsere Eltern blind bleiben wollen, soll uns dasselbe passieren! Man kann doch nicht einfach über unsere Köpfe weg entscheiden, dass wir keine Augen bräuchten?«
Da erbarmten sich die Amseln.
Ausgerechnet die Amseln!
Sie sagten: »Na gut, wir wollen den Regenwurmkindern unsere Augen leihen. Danach mögen sie selbst bestimmen, ob sie damit was anfangen wollen oder nicht.«

Damit schien das Problem gelöst. Die Amseln liehen ihre Augen her.
Die Regenwurmkinder konnten sehen.
Sie krochen mit den geliehenen Augen der Amseln unter die Erde. Doch dauernd fiel ihnen Dreck in die Augen. Und sie sahen einander so komisch an. Ja, sie schnappten sogar nach den eigenen Schwänzen – weil sie sich selbst und ihresgleichen nun mit den Augen der Amseln sahen. Und die Amsel sieht einen Regenwurm nun einmal zum Fressen gern – Schnabelbissen, weggeputzt!
Da stiegen die Regenwurmkinder nach oben und riefen: »Solche Augen wollen wir nicht! Wir wollen richtige Regenwurmaugen!«
Da nahmen die Amseln ihre Augen zurück und meinten: »Da kann man nichts machen.«
»Wir wollen aber Augen!«, beharrten die Regenwurmkinder, die Blindschleichenkinder und die Maulwurfskinder und alle Blindgeborenen.
Da hatte die Schöpfung ein Einsehen und schenkte allen Kindern ein drittes, ein göttliches Auge.

Das schaut nach innen.
Das braucht kein äußeres Licht.
Das sieht die Bilder der Gedanken.

Da waren die Regenwurmkinder zufrieden. Die Blindschleichenkinder schlichen nicht mehr blind. Die Maulwurfskinder maulten nicht mehr, und die Menschenkinder staunten:

Wenn ein Kind nun über das Meer nachdachte, dann konnte es jetzt tief in seiner Seele die Weite des Ozeans schauen! Die ganze Welt, ja das Weltall dazu, hat Platz im Kopf eines Kindes!

Da bekamen die Kinder glühende Wangen und rote Ohren, so stark war das Licht der Gedanken und Träume, das die Kinder von innen erleuchtete.

Die Kinder schauten, was sie wollten, selbst wenn sie die Augen geschlossen hielten!

Und noch heute kann keiner von außen erkennen, was ein Kind gerade in seiner Seele schaut.

»Hör auf zu träumen!«, sagen dann die Erwachsenen, wenn ihr Kind mit abwesendem Blick nach innen schaut. Dann schrecken die meisten Kinder auf. Dann sieht es so aus, als kämen sie von irgendwoher zurück.

Und wer weiß, wo sie dann gewesen sind: Die einen sind übers Meer geflogen und saßen doch am Mittagstisch! Die anderen sind auf den höchsten Gipfel der Welt gestiegen – und saßen doch auch die ganze Zeit über ihren Hausaufgaben.

Woher aber nimmt das dritte, das innere Auge sein Licht? Aus den Klängen der Worte, der Musik der Welt. Die bringen die inneren Bilder zum Leuchten, denn das Ohr ist das Tor zur Seele! Es öffnet sich der Stille. In der Stille der Gedanken erblühen die schönsten Bilder.

Dann schweben wir hinaus in die unendliche Weite unserer Fantasie.

Hier beginnt der Gesang der Welt im Echo unserer Gedanken. Hier fallen die Worte und Klänge wie Kieselsteine auf den spiegelglatten See der Erinnerung und lösen die Bilder aus.

Neulich, Euer Gnaden, bin ich in der Küche eingenickt.
Und plötzlich war ich in einer Höhle.
Von der Höhlendecke tropfte Wasser.
Ich war dort ganz allein.
Es war dunkel um mich herum.

Und dennoch konnte ich alles genau erkennen: Die Tropfsteine, die wie Eiszapfen von der Decke hingen. Die Tropfsteinsäulen, die sich vom Höhlengrund in die Höhe reckten.
Bis plötzlich alles zusammenbrach.
Mit einem ohrenbetäubenden Lärm.
Da lag ich auf dem Küchenboden.
Ich war vom Stuhl gefallen.
Und neben mir, im Spülstein der Küche, tropfte der Wasserhahn. Plitsch. Platsch. Plisch-Plitsch.
Ja, wir sehen beim Denken Bilder. Und wir denken auch im Schlaf. Dann wird aus einem einfachen tropfenden Wasserhahn plötzlich eine Höhle.
Weil unser drittes und inneres Auge uns verzauberte Bilder zeigt – Bilder, die aus der Tiefe unserer Wünsche aufsteigen. Bilder, die uns aus dem Alltag heben in eine andere Welt.
Wohl dem, der die Augen schließen kann und mit seinem inneren Auge schaut. Wir sehen beim Denken Bilder, damit wir im Herzen nicht erblinden.

*Reinhardt Jung*

**Wie sehe ich eigentlich aus, wenn ich schlafe?** Weil ich das gern wissen möchte, habe ich Papa gestern gebeten, mich einmal im Schlaf zu fotografieren. Heute hat er mir das Foto gezeigt: Das Mädchen auf diesem Bild bin zweifellos ich – die Beine angewinkelt und den rechten Arm unter dem Kopf weit ausgestreckt liege ich friedlich und ahnungslos in meinem Bett.

Ich erkenne mich zwar, aber ich kann kaum glauben, dass der Mensch, den ich da sehe, derselbe ist, den ich in diesem Augenblick an mir und in mir erlebe. Was habe ich wohl gerade gefühlt, als das Bild gemacht wurde? Habe ich etwas geträumt? Wenn ja, woher kommen solche Traumgeschichten? Bin ich in diesen Geschichten drin? Wenn ja, auf welche Weise sind diese Geschichten wahr und wirklich? Wenn nicht, wo bin ich dann? Mein ICH ist doch mehr als dieser Körper in diesem Bett.

Am Morgen, wenn ich wach werde, kommt es mir oft so vor, als ob ich von einer nächtlichen Reise zurückkehre. Aber wann beginnt diese Reise? Hast du schon einmal genau den Moment erlebt, in dem du eingeschlafen bist?

Hier können deine Gedanken über Schlafen und Träumen ihren Platz finden …

- oder ein Traum-Bild …
- oder eine Geschichte, die so anfängt: »Letzte Nacht träumte ich, ich hätte geträumt …«
- oder ein Traum-Gedicht …

Vielleicht liest du vorher rasch noch Peter Härtlings »Geschichte vorm Schlaf« auf der nächsten Seite.

## Eine Geschichte vorm Schlaf

Gute Nacht, sagen wir uns, wenn es Zeit ist, schlafen zu gehen. Schlaf gut, sagen wir einander. Und wir wünschen uns einen guten, ruhigen, geschützten Schlaf.

Meine jüngste Tochter fragte mich einmal, als ich zu ihr kam, um ihr Gute Nacht zu wünschen – es ist schon eine Weile her: Wo bin ich eigentlich, wenn ich schlafe?

Ganz bei dir, antwortete ich, ein wenig zögernd.

Sie lachte: Aber nein, Papa. Ich weiß da doch gar nicht, wo ich bin. Gerade weil ich schlafe. Sie hatte Recht. Und ich wollte mit meiner Antwort noch genauer sein: Ganz in dir.

In mir? Sie verstand mich nicht.

Ja, du schlüpfst mit allem, was du bist, was du gedacht und erlebt hast, was du erhoffst und was du fürchtest, in dich hinein – und in den Träumen erfährst du alles von neuem und anders. In Bildern, die in dir schlummern und im Schlaf wach werden.

Das kam ihr völlig widersinnig vor: Im Schlaf wach? Das gibt's doch nicht, Papa. Ich schlafe und träume oder ich bin wach.

Kannst du dich an einen Traum erinnern?, fragte ich sie.

An viele, sagte sie, plötzlich hellwach. Gestern hab ich von einem Bach geträumt. Der hatte Hochwasser, rauschte schrecklich, und ich hielt mich an einem Baum fest, weil ich Angst hatte, hineinzufallen.

In einem anderen Traum bin ich mit der Mama durch eine Stadt gegangen, die war riesig, und wir beide kannten uns nicht aus, und die Mama war schon ein bisschen verzweifelt. Bis dann auf einmal der Onkel Wolfgang vor uns stand und lachte und sagte: Ich habe schon ziemlich lange auf euch gewartet.

Siehst du, Sophie, da hast du dir im Schlaf eine richtige Geschichte erzählt.

Ich mir?

Ja.

Aber ich hab doch geschlafen. Ich hab doch nichts von mir wissen können.

Alles, sagte ich. Alles, was du bist, hast du da auf einmal gewusst.

Du spinnst, Papa, sagte sie, räkelte sich und bat um einen Gute-Nacht-Kuss.

Unvermittelt setzte sie sich, von einem Einfall hochgerissen, noch einmal auf: Kann Gott auch schlafen?
Wie kommst du darauf?, fragte ich überrascht. Aber ohne Antwort wollte ich sie nicht lassen.
Ich dachte an die ungezählten Schläfer rund um die Erde.
An die behüteten,
an die verstörten,
an die gelassenen,
an die verlassenen,
an die kranken,
an die verfolgten,
an die gefolterten,
an die hungrigen,
an die erschöpften
und sagte, vielleicht ist es so, dass er den Schlaf mit dir und mit allen, die schlafen, teilt. Weil du schlafend ganz in dir bist, kann es sein, dass er ganz bei dir ist.
Ach so, murmelte sie und legte sich zur Seite.
Schlaf gut,
sagte ich: Gute Nacht.

*Peter Härtling*

# Die vorgezeigten Dinge

## Was Sachen mir sagen – mit Dingen was denken

Unter der Überschrift »Die vorgezeigten Dinge« zeige ich dir Dinge, die mir wertvoll sind, weil ich sie schön finde und weil sie mich immer wieder auf neue Gedanken bringen. Ich beginne aber zuerst wieder mit einer merkwürdig-rätselhaften Geschichte, über die du lachen, aber auch nachdenken kannst.

### Die vorgezeigten Dinge

In einem Park in Stuttgart war ein Mann zu sehen, der ein Meerschweinchen in einer Schachtel trug. Er öffnete die Schachtel und setzte das Meerschweinchen ins Gras. Dann legte er seinen Hut daneben. Während das Meerschweinchen weidete, sammelte er Geld ein. Leute kamen herbei, um das Tier zu sehen. Es springt vielleicht über den Stock oder geht auf dem Seil, dachten sie und legten Geld in den Hut des Mannes. Aber das Meerschweinchen lief auf der Wiese herum und fraß.
Was kann denn Ihr Meerschweinchen?, fragten die Leute.
Der Mann antwortete: Es läuft in der Wiese herum und frisst. Sehen Sie hin!
Die Leute schauten; dann legten sie weitere Münzen in den offenen Hut.
Ein Bauer, der das bemerkte, ging nach Hause und holte seine Kuh aus dem Stall. Er führte die Kuh in den Park und ließ sie neben dem Meerschweinchen weiden. Dann legte er seinen Hut ins Gras. Leute kamen zu ihm und warfen Münzen hinein.

Die Kuh geht vielleicht auf zwei Beinen, dachten die Leute. Als die Kuh aber nur dastand und weidete, fragten sie: Was kann denn die Kuh? Und der Mann gab Auskunft: Die Kuh steht da und weidet, wie Sie sehen.
Da schauten die Leute noch einmal hin und sagten dann zueinander: Eine Kuh, die dasteht, ist allein schon etwas.
Später kam ein Fuhrmann herbei. Dieser Fuhrmann zeigte sein Pferd vor. Dann stellte ein Mann sein Motorrad ins Gras und legte den Hut daneben. Ein anderer trug sein Bett in den Park und stellte es hin, ein anderer zeigte sein Taschenmesser oder einer seine Polstergruppe. Neben allen Dingen, die vorgezeigt wurden, lagen auch Hüte. Doch man durfte die Dinge auch ohne Bezahlung betrachten. Überall fragten die Leute, was mit dem Ding los sei. Sie gaben Geld aus und erhielten auch Antwort. Das ist ein Pferd, das Gras frisst, sagte der Fuhrmann. Und die anderen Männer erklärten: Dies ist ein Motorrad, das in der Wiese steht, dies ist ein Bett, das in der Wiese steht, dies ist ein Messer auf einer Zeitung, dies ist eine Polstergruppe.
Der Mann, der die Polstergruppe vorzeigte, sprach zu den Leuten: Setzen Sie sich, und sie setzten sich. Dann sagten sie zueinander: Auch eine Polstergruppe allein ist schon etwas.

*Jürg Schubiger*

## Die Sanduhr – ein Stundenglas

Und hier ist mein erstes vorgezeigtes Ding: eine Sanduhr, die mir Mama und Papa zu meinem 11. Geburtstag geschenkt haben. Vor dieser Sanduhr sitze ich und drehe sie – in diesem Augenblick – um. Schon beginnen die unzähligen Sandkörner unaufhaltsam durch die kleine Öffnung von dem oberen ins untere Glas zu rieseln. Langsam entsteht dort ein Sandberg, der immer wieder an den Seiten in sich zusammensackt. Es ist, als ob die Körner sich möglichst hoch auftürmen wollen, doch sie finden keinen Halt. Gleichzeitig entsteht im oberen Glas eine kleine Mulde, weil immer mehr Sand durch die Lücke drängt. Es ist, als

ob jedes Korn als Erstes zur Mitte will und den Spalt durchqueren will. Obwohl nur wenig passiert, könnte ich ewig zuschauen.
Bevor ich das Geschenk auspackte, hatte Mama gesagt: Wir schenken dir Zeit. Damals hatte ich nur ratlos geguckt, inzwischen verstehe ich das aber gut. Die Uhrzeit kann mir meine Sanduhr zwar nicht verraten, doch sie zeigt mir die Zeit, genauer gesagt: einen bestimmten Zeitraum. Ich schaue die lautlos fallenden Sandkörner an und denke dabei über die Zeit nach. Die Sanduhr führt mir vor Augen, was Zeit ist und bedeutet. Die Zeit ist und bringt Veränderung, sie wird sichtbar durch das Vorher und Nachher, durch das Früher und Später. Deshalb ist und bedeutet Zeit auch Erinnerung, denn ohne Erinnern könnten wir die Veränderungen nicht erkennen.
Trotzdem bleibt die Zeit rätselhaft. Die Sekunden der Uhr sind wie die Zahl der Sandkörner immer gleich, doch ich erlebe die Zeit verschieden. Mal vergeht sie wie im Fluge, dann dehnt sie sich zäh wie ein Kaugummi. Je mehr ich sie zu begreifen versuche, desto mehr bleibt sie ein Geheimnis, das ich nicht ganz fassen kann, so wie ich die Sandkörner nicht zählen kann.

Am Boden unter der Sanduhr entdeckte ich dann noch ein weiteres Geschenk: einen Gutschein für den Besuch eines Museums über die Entstehung des Menschen. Was das mit der Sanduhr zu tun hatte, wurde mir klar, als wir dorthin fuhren.

Im Eingangsbereich des Museums stand eine riesige Sanduhr, die die großen Zeiträume der Erdentstehung und der Entwicklung des Menschen deutlich machte. Uns wurde erklärt: Es fallen ungefähr 100 Sandkörner in der Sekunde durch die kleine Öffnung. Nehmen wir einmal an, für jedes Sandkorn vergeht ein Jahr. Dann ist bereits nach einer Sekunde dein Leben vorbei.
Um nun die Zeit zu überblicken, die die ersten Vorläufer des Menschen und wir selbst auf

unserem Planeten verbringen, müssten wir bereits 11 Stunden abwarten. Weit über 400 Tage müssten wir die fallenden Sandkörner beobachten, um alle Jahre zu sehen, in denen es auf der Erde Leben gibt. Die Sandkörner-Jahre–Zeit seit der Entstehung der Erde dauerte in diesem Modell ungefähr 530 Tage. Um die Zeit abzuwarten, die seit dem Urknall und der Entstehung des Universums vergangen ist, sollten wir uns unbedingt eine gemütliche Wohnung im Museum einrichten, denn wir müssten über 1700 Tage dort bleiben, also fast fünf Jahre.

Zu Weihnachten habe ich dann wieder Zeit geschenkt bekommen: die Armbanduhr, die ich mir gewünscht hatte, eine Digitaluhr. Papa mag lieber Uhren mit Zeigern, bei denen die Zeit im Kreis vergeht. Er stellt sich den Lauf der Zeit lieber rund vor. Er meint, bei meiner Uhr gibt es jeden Zeitpunkt nur für einen kurzen Moment und dann ist er für immer weg. Das hält Papa für brutal – aber es ist doch nun mal so. Vielleicht macht es mir nicht so viel aus, weil ich hoffentlich noch eine Menge Zeit im Leben vor mir habe.
An meiner Uhr kann ich ein Datum in der Zukunft eingeben und die Uhr zeigt an, wie viel Tage es bis dahin noch sind. Nun kann ich schnell herauskriegen, in wie viel Tagen ich Geburtstag habe. Und noch besser: Ich kann einen Tag in der Vergangenheit eingeben, zum Beispiel den Tag, an dem ich geboren wurde, und die Uhr zeigt an, wie viel Tage ich schon lebe. Heute ist mein 4222. Tag auf der Welt. Mama lebt schon seit 15335 Tagen. Wie gut es ist, dass niemand seinen Todestag kennt und deshalb nicht weiß, wie viel Lebenstage noch bleiben! Und dennoch ist jeder Tag der erste vom Rest meines Lebens. Ich freue mich an ihm, spüre und genieße die Zeit ...

Schon rieseln die letzten Körner durch mein Stundenglas. Die Zeit ist mir davongelaufen. Beim Nachdenken über sie habe ich mich in der Zeit verloren. Immer kleiner wird die Sandkuhle, bis plötzlich – genau jetzt – nichts mehr läuft. Dieser letzte Augenblick ist schön anzusehen und trotzdem stockt mir der Atem. Die Zeit scheint für einen Moment stillzustehen. Gut, dass sie in Wirklichkeit gleichmäßig weitergeht, uns

Stunde um Stunde, Tag für Tag geschenkt, als würde die Sanduhr unseres Lebens immer neu umgedreht.

### Irgendwann

Irgendwann siehst du zum letzten Mal Schnee.
Irgendwann trinkst du den letzten Kaffee,
streichelst den Hund, tanzt durch den Saal,
alles, alles gibt's ein letztes Mal.

Irgendwann schmeckst du zum letzten Mal Brot,
schwimmst du im See und betrachtest ein Boot,
winkst einem Kind, gehst durch ein Tal,
alles, alles gibt's ein letztes Mal.

Irgendwann hörst du die letzte Musik,
wirst du umarmt und erhascht einen Blick,
liest einen Brief, schreibst eine Zahl,
alles, alles gibt's ein letztes Mal.

Irgendwann heißt, es kann morgen geschehn
und dass wir uns heut das letzte Mal sehn.
Drum, was du erlebst, erleb es total,
denn alles, alles gibt's ein letztes Mal.
Alles, alles gibt's ein letztes Mal.

*Gerhard Schöne*

Eigentlich ist mir der Augenblick am liebsten. Ich lebe jetzt und bin gern in der Gegenwart. Aber ab und zu schaue ich auch gern in die Vergangenheit. Ich gucke mir alte Videofilme an von mir und meinem Bruder als Baby oder Kleinkind. Ich kann sehen, wie ich getauft wurde, wie ich laufen und immer mehr Worte sprechen lernte. Es ist doch verrückt, da einen kleinen Menschen zu beobachten und genau zu wissen, das bin ich selbst, obwohl ich kaum Erinnerungen an das habe, was ich sehe. In welchem Augenblick meines Lebens habe ich das eigentlich vergessen? Warum gelingt mir manchmal doch noch die Erinnerung an winzige Details?
Heute habe ich eine Aufnahme von meiner **Erstkommunion** wiedergefunden und zusammen mit Papa angeguckt. Der ganze Gottesdienst, die Glückwünsche und das Aufstellen für die Gruppenfotos wurden damals gefilmt. Alle waren sehr festlich gekleidet, viele Mädchen trugen lange weiße Kleider und viele Jungen Anzüge. Es ist schon ein besonderer Tag im Leben, wenn die Kommunionkinder so ganz im Mittelpunkt stehen.
Wenn ich mich so anschaue, finde ich, dass ich beim Gottesdienst fast ein wenig gelangweilt wirke. Papa meinte aber, ich sei sicher nur »konzentriert« gewesen auf meine Aufgaben beim Text-Vortragen und

Gaben-zum-Altar-Bringen. Wir Kinder haben tatsächlich viel selbst gemacht. Sogar die Predigt wurde allein von uns gehalten. Jedes Kind hatte seinen Satz und die Erwachsenen, sagt Papa, waren sehr gerührt und stolz auf ihre großen Kleinen. Mir war das damals nicht bewusst, aber wir waren wirklich ziemlich gut!

Obwohl das weniger als zwei Jahre her ist, erscheint es mir schon weit weg. Die Einzelheiten geraten in Vergessenheit, doch in der Erinnerung bleibt so etwas wie ein Gefühl von diesem wichtigen Ereignis übrig und diese Erinnerung wird sogar eher größer, je mehr Zeit vergeht. Sie gehört für immer zu meinem Leben. Seitdem gehe ich in der Kirche zur Kommunion und bekomme das Brot, von dem wir sagen, das ist Jesus selbst. Papa meint: Auch das Leben Jesu, sein Tod und seine Auferstehung geraten so nicht in Vergessenheit und werden in der Erinnerung größer und bedeutend für unser Leben.

Ich würde so gern einmal zwei Jahre in die Zukunft schauen. Wenn ich mir damals schon vorgestellt hätte, wie ich dieses Ereignis in zwei Jahren betrachte, hätte ich es dann anders erlebt? In einigen Jahren werde ich vor der Frage stehen, ob ich mich firmen lasse. Dann entscheide ich ganz allein, ob ich weiter als Christ leben möchte. Dann entscheiden nicht mehr die Eltern für mich wie bei der Taufe und wie ja zum Teil auch noch bei der Erstkommunion.

Papa hat mir ein Gedicht gegeben, das Mama und er im Gottesdienst bei meiner Taufe vorgetragen haben. Ich verstehe zwar nicht alles aus dem Gedicht, eines aber wohl: Es ist nicht egal, wie wir leben und was wir daraus machen. Es könnte eigentlich ein Gedicht für meine Firmung werden.

**Niemand sucht aus**

Man sucht sich das Land seiner Geburt nicht aus,
und liebt doch das Land, wo man geboren wurde.

Man sucht sich die Zeit nicht aus, in der man die Welt betritt,
aber muss Spuren in seiner Zeit hinterlassen.

Seiner Verantwortung kann sich niemand entziehen.
Niemand kann seine Augen verschließen, nicht seine Ohren,
stumm werden und sich die Hände abschneiden.

Es ist die Pflicht von allen zu lieben,
ein Leben zu leben, ein Ziel zu erreichen.

Wir suchen den Zeitpunkt nicht aus, zu dem wir die Welt betreten,
aber gestalten können wir diese Welt,
worin das Samenkorn wächst, das wir in uns tragen.

*Gioconda Belli*

# Total normal?

## Experimente zum Staunen

### Die Zeit anders denken

Was ist Zeit? Wenn niemand mich danach fragt, weiß ich es. Will ich es aber jemandem erklären, kann ich es nicht. Vielleicht verstehen wir die Zeit besser, wenn wir uns eine Welt vorstellen, in der die Zeit anders ist. Dabei helfen dir die folgenden Zeitexperimente: Lies sie durch, kreuze ein oder zwei an, die dich interessieren, und schreibe dazu eigene Gedanken oder eine Geschichte aus dieser anderen Welt auf. Möchtest du in einer dieser zehn Zeit-Welten leben? Was gefällt dir daran und was nicht?

1. Stell dir eine Welt vor, in der die Zeit ein Kreis ist. Sie ist in sich gekrümmt und kommt immer wieder zum selben Punkt zurück, so dass sich die Welt endlos wiederholt.

2. Stell dir eine Welt vor, in der die Zeit wie der Raum drei Richtungen hat. So wie sich ein Mensch im Raum geradeaus, zur Seite und nach oben bewegen kann, kann er auch an drei verschiedenen Arten der Zukunft teilnehmen. Bei jeder Entscheidung spaltet sich die Welt in drei Welten auf.

3. Stell dir eine Welt vor, in der es zwei Zeiten gibt: eine mechanische Zeit, die von der Uhr gemessen wird, die gleich und vorhersagbar ist, und eine Körperzeit, die jeder Mensch fühlt, die mal so, mal anders vergeht.

4. Stell dir eine Welt vor, in der die Zeit langsamer fließt, je weiter man vom Mittelpunkt der Erde entfernt ist. Die Menschen werden in den Bergen langsamer alt als im Tal.

5. Stell dir eine Welt vor, in der den Menschen die vergangene Zeit nicht in Erinnerung bleibt, eine Welt ohne Gedächtnis.

6. Stell dir eine Welt vor, in der die Zeit rückwärts fließt. Die Menschen leben vom Tod bis zu ihrer Geburt.

7. Stell dir eine Welt vor, in der die Menschen nur einen Tag leben. Ein ganzes Menschenleben läuft auf 24 Stunden zusammengedrängt ab.

8. Stell dir eine Welt vor, in der die Menschen ewig leben.

9. Stell dir eine Welt vor, in der die Zukunft bereits festgelegt ist.

10. Stell dir eine Welt vor, in der die Zeit Sekunde für Sekunde festliegt und für alle gleich vergeht. Die Zeit ist regelmäßig, verlässlich und vorhersehbar, an ihr ist nicht zu zweifeln. Sie ist vollkommen wie von Gott geschaffen.

## Ich schreibe in mein Tagebuch

Ich schreibe in mein Tagebuch,
wenn ich mal traurig bin.
Wenn Heike mich belogen hat
und mich am Haar gezogen hat
und alle sind gemein.
Kommt Mutti ärgerlich nach Haus
und lässt die Wut dann an mir aus,
das schreib' ich alles ein.

Ich schreibe in mein Tagebuch,
wenn ich ganz fröhlich bin.
Wenn's Hamsterweibchen Junge kriegt,
wenn es sich an die Kleinen schmiegt
so kuschelig im Nest.
Wenn Papa sonntags Frühstück macht
und über Muttis Faxen lacht,
dann halte ich das fest.

Ich schreibe in mein Tagebuch,
wenn ich mal wütend bin.
Wenn meine Schwester mich verpetzt
und sich dann lächelnd zu mir setzt
als wäre nichts geschehn.
Dann schreib' ich meine ganze Wut
ins Tagebuch, Mensch das tut gut.
Nur sie darf das nicht sehn!

Ich schreibe in mein Tagebuch,
was niemand wissen muss.
Nimmt Christian, den ich gerne hab,
mir meinen schweren Ranzen ab
und trägt ihn zu mir rauf.
Wenn er mir eine Muschel schenkt,
sagt, dass er manchmal an mich denkt,
dann schreib' ich mir das auf.

Ich schreibe in mein Tagebuch,
was ich am Tag erleb.
Und später, wenn ich Oma bin,
dann setz' ich mich gemütlich hin
und lese, was da steht.
Dann flüstert mir mein Mann ins Ohr:
»Komm lies mir das noch einmal vor!
Nein, wie die Zeit vergeht!«

*Gerhard Schöne*

Platz da, jetzt kommst du! Auf der folgenden Seite ist, wie es zu einem Tagebuch gehört, ganz freier Platz für deine Gedanken. So wie Gerhard Schöne es eben in seinem Gedicht erzählt hat, kannst du hineinschreiben, was dich beschäftigt, oder du wählst dein Lieblingsgedicht, zeigst deine Gedanken in einem Bild oder nutzt den Platz, weil er woanders im Buch für deinen Text nicht ausreicht …

# Platz da, jetzt kommst du!

## Die erste leere Seite

# Zweites Heft

in dem überlegt wird, wie die Schule entstanden ist – und ob sie wirklich sein muss. Weiterhin tauchen auf: ein Großvater, der vergeblich versucht, ein Märchen zu erzählen, viele Engel, die ein Versteck für den Schlüssel zum Himmel suchen, und ein Indianer mit einem seltsamen Namen. Zwischendurch gilt es, kräftig ein- und auszuatmen und darüber zu staunen. Doch das ist noch längst nicht alles, denn in diesem Heft versucht Nele, in Geschichten die Welt zu erfinden und das Geheimnis von Namen und Wörtern zu ergründen.

## Wie die Schule entstanden ist

Es war einmal, lange vor unserer Zeit, in einem kleinen Dorf eine Familie: Vater Rund, Mutter Rund und die beiden Kinder. Es war eine glückliche Familie. Sie hatten genug zu essen, denn Gott schenkte ihnen ein fruchtbares Land. Die Welt stand in Frieden und Wohlstand da. Sie hatte ihr glitzerndes Kleid an und alle, wirklich alle waren glücklich.

Doch eines Tages begannen die Kinder zu streiten. Da sie nichts zu tun hatten, war das für die beiden schön, sich böse Wörter an den Kopf zu schmeißen. Für Vater und Mutter Rund war das schrecklich, denn sie liebten beide Kinder, und sie wollten keinem von ihnen die Schuld geben. Deswegen hörte der Streit nicht auf.

Nach vielen Monaten kam eine junge, schöne Frau vorbei. Sie hörte das Schreien der beiden Kinder. Da ging sie zu ihnen und fragte, was denn los sei. Als sie hörte, dass die beiden Kinder nur deswegen miteinander stritten, weil ihnen langweilig war, nahm sie die beiden und sagte:

»Ihr müsst nicht miteinander streiten, denn wenn ihr miteinander streitet, dann endet ihr so wie Sonne und Mond.«

»Wie Sonne und Mond?«, fragten die Kinder. »Das verstehen wir nicht.«

Da setzten sie sich an den Fluss, und die Frau begann zu erzählen.

»Vor langer, langer Zeit war immer Tag. Sonne und Mond machten so viel Licht und hatten so viel Spaß, dass sie immer leuchteten. Doch eines Tages stritten sie genauso wie ihr, und von da an leuchtete die Sonne am Tag hell und schön, und wenn der Mond zu ihr kam und sich entschuldigen wollte, löschte sie ihr Licht und verschwand. Der Mond stand dann alleine da, und weil er über die Situation sehr traurig war, leuchtete er auch nicht mehr. Deswegen gibt es Tag und Nacht.«

Die beiden Kinder wurden sehr nachdenklich. Sie wollten nicht mehr streiten. Lieber hörten sie der Frau zu und lernten was von ihr. Von da an kam die Frau jeden Tag zu der Familie Rund und brachte den beiden Kindern etwas bei.

Ihr könnt euch ja vorstellen, dass sich das bald in jeder Familie herumsprach, und da wollten natürlich alle Kinder diese Frau kennen lernen. Aber das Haus der Familie Rund war für so viele Kinder viel zu klein. Alle Häuser waren für so viele Kinder viel zu klein.

Da sprach Gott in der Nacht zu der jungen Frau:
»Ich werde dir ein großes Haus geben und noch viele schöne Frauen wie dich schaffen, dann könnt ihr allen Kindern gleichzeitig etwas beibringen.«
So geschah es dann auch.
Jeden Morgen kamen die Kinder in das große Haus, die kleinen in ein Zimmer, die mittleren in ein Zimmer und die großen in ein Zimmer. Die Frauen brachten ihnen Lesen und Schreiben und Rechnen bei und erzählten ihnen viele Geschichten. Den ganzen Tag. Die Eltern konnten in der Zeit arbeiten und ihre Sachen erledigen, ohne dass die Kinder ihnen im Weg waren. Von da an lebten die Familien wieder glücklich zusammen.
Das war natürlich lange vor unserer Zeit. Denn der Krieg und die Welt, die jetzt nicht mehr in ihrem glitzernden Kleid dasteht, hat vieles verändert. Leider auch die Schulen und die Lehrer.

*Pauline, 12 Jahre*

**Magst du die Schule?** Bei mir ist es mal so, mal so. Besonders nach den Ferien merke ich: Eigentlich gehe ich gern hin, freue mich auf die anderen in der Klasse und würde mich ohne Schule auf Dauer fürchterlich langweilen. Unterricht gefällt mir am besten, wenn uns die Lehrer nicht nur etwas erklären und beibringen, sondern uns helfen, etwas selbst herauszufinden – wenn wir nicht nur etwas abschreiben müssen, sondern unsere eigenen Gedanken aufschreiben dürfen. Dann merke ich, wie viel in mir steckt, und staune über das, was ich kann. Dann verstehe und behalte ich einfach mehr. Man lernt ja nicht nur mit dem Kopf, sondern auch mit den Händen und mit dem Herzen.
Ist dir aufgefallen, dass Pauline auch eine Warum-Geschichte geschrieben hat? Weißt du, welche zwei Fragen sie beantwortet? An ihrer Geschichte gefällt mir, dass die Lehrerin Geschichten erzählt, aus denen alle etwas lernen können. Natürlich weiß ich, dass es einen anderen Grund für den Wechsel von Tag und Nacht gibt, dass die Sonne ihr

Licht nachts nicht löscht. Jemand könnte Paulines Erklärung falsch nennen. Aber ihre Geschichte ist anders wahr und das ist mir genauso wichtig wie die richtige Erklärung eines Naturwissenschaftlers.

Und was bringen wir unseren Kindern
in der Schule bei?
Dass zwei mal zwei vier ist
und Paris die Hauptstadt Frankreichs.
Wann wird man sie lehren,
was sie selbst sind?
Jedem dieser Kinder sollte man sagen:
Weißt du auch, was du bist?
Du bist ein Wunder!
Du bist einmalig!
Auf der ganzen Welt gibt es kein Kind,
das genauso ist wie du.
Und Millionen von Jahren sind vergangen,
ohne dass es je ein Kind gegeben hätte wie dich.
Schau deinen Körper an, welch ein Wunder!
Deine Beine, deine Arme,
deine geschickten Finger, deinen Gang.
Aus dir kann ein Shakespeare werden,
ein Michelangelo, ein Beethoven.
Es gibt nichts, was du nicht werden könntest.
Jawohl, du bist ein Wunder.
Und wenn du erwachsen sein wirst,
kannst du dann einem anderen wehe tun,
der, wie du selbst, auch ein Wunder ist?

*Pablo Casals*

Wie müsste Schule eigentlich sein, damit sie Spaß macht und du viel in ihr lernst? Damit das eigene Leben darin vorkommt und du niemals das Zutrauen in dich verlierst? Damit du weißt, warum du etwas lernst, und du von Tag zu Tag erfahrener und stärker wirst? Wie sieht deine *Traum-Schule* aus? Wie wird dort gelernt und gelebt? Zeige es mit Worten oder mit einem Bild!

# Einfach tierisch

## Fragen nach Woher und Wohin, nach Warum und nach Sinn

Erinnerst du dich noch an das müde Kamel? Es war so lange in der Wüste, dass es gar nichts anderes mehr erwartete. Auch der Elefant, von dem ich dir jetzt erzähle, hat es nicht leicht, aber ihm wird das Leben von anderen schwergemacht.

### Der ohnmächtige Elefant

Eines Tages kam ein Zirkus in ein kleines Dorf am Rande einer großen Stadt. Die Attraktion in diesem Zirkus war ein Elefant, der alle Menschen beeindruckte, die ihn sahen. Seine ungeheure Größe, sein enormes Gewicht und seine unvorstellbare Kraft bewunderten besonders die Kinder bei jeder Zirkusvorstellung. Nach der Vorführung seiner gewaltigen Stärke aber blieb der Elefant immer bis zur nächsten Vorstellung am rechten Fuß an einen kleinen Holzpflock angekettet. Geduldig und ohne Protest verwandelte sich der mächtige Riese in ein harmloses Tier. »Warum ist das so?«, fragte sich ein kleiner Junge, der sich selbst oft schwach fühlte in der großen weiten Welt und gern stärker gewesen wäre. »Warum lässt dieses starke Tier sich das gefallen? Warum befreit der Elefant sich nicht und flieht? Er könnte einen Baum mit all seinen Wurzeln ausreißen. Den dünnen Stab könnte er doch leicht aus der Verankerung ziehen.« Der Junge fragte einen Mann vom Zirkus. Der antwortete: »Der Elefant bleibt bei uns, weil wir ihn so dressiert haben. Außerdem bekommt er von uns zu essen und das reicht ihm zum Leben.« Damit gab sich der Junge aber nicht zufrieden: »Wenn er dressiert ist, warum müsst ihr ihn dann überhaupt noch

anketten?« Doch er bekam nun keine Antwort mehr. Enttäuscht blieb er mit seiner Frage allein.
Viele Jahre später kam derselbe Zirkus wieder in das Dorf. Aus dem kleinen Jungen war längst ein Mann geworden, der nicht weit von seiner Heimat in einer Stadt lebte. Er hatte eine Arbeit gefunden, mit der er zwar einigermaßen zufrieden, aber auch nicht richtig glücklich war. Gern hätte er etwas ganz anderes aus seinem Leben gemacht, doch er traute sich wenig zu. Zu oft hatte man ihm gesagt: »Das schaffst du doch nie, das brauchst du gar nicht erst versuchen!«
Da der Mann allein lebte, besuchte er oft seine Eltern. Auch an dem Tag, als der Zirkus zurückkam, war er mal wieder bei ihnen zu Besuch. Er entschloss sich, zunächst noch zögernd, zu dem Zirkus zu gehen, denn ihm war der Elefant wieder eingefallen, der ihn als Kind so beeindruckt hatte. Und auch an seine Frage erinnerte er sich, als hätte er sie gestern gestellt. Er spürte in sich eine ungewohnte Neugierde. Gespannt und ein bisschen aufgeregt ging er schon lange vor Beginn der Vorstellung zum Zirkusplatz. Würde er den Elefanten wiedersehen? Ist er immer noch das starke und doch freiwillig schwache Tier von damals? Oder ist er längst ausgebrochen und hat sich die Freiheit zurückerobert?
Schon von weitem entdeckte er den Elefanten. Kaum etwas schien sich verändert zu haben, außer dass das Tier müde und alt wirkte. Immer noch stand der Koloss angekettet an seinem Holzpflock, als wäre er in einem Gefängnis hinter Gittern. Doch dann sah der Mann etwas, was ihm den Atem stocken ließ und ihm einen Stich ins Herz versetzte: Hinter dem Elefanten stand ein kleines Elefantenkind, ebenfalls an einen Holzpflock gebunden. Das gab sich damit aber nicht zufrieden. Es versuchte sich immer wieder zu befreien, doch es misslang. Die Kräfte des Kleinen reichten noch nicht aus.
Da wurde dem Mann schlagartig alles klar. Er hatte die Antwort auf seine Kinderfrage selbst gefunden und es trieb ihm die Tränen in die Augen: Der große mächtige Elefant floh deshalb nicht, weil er schon seit seiner Kindheit an den Holzpflock angekettet war. Damals hatte er sich dagegen gewehrt, hatte die Freiheit ersehnt, hatte an der Kette gezogen und gezerrt, Tag für Tag, bis er müde und erschöpft eines Tages für immer aufgab. Er hatte seine Ohnmacht erlebt und sich in sein Schicksal ergeben. Diese Ohnmacht grub sich tief in sein Gedächtnis ein. Auch als er stark und immer stärker wurde, hatte

er es nicht mehr versucht. Der arme mächtige Elefant glaubte einfach nicht mehr daran, dass er es kann. Er gab sich auf, weil niemand an ihn glaubte.
Und das Schlimmste war: Diese Geschichte wiederholte sich anscheinend nun bei seinem eigenen Kind. Noch hatte sich der Kleine nicht damit abgefunden, aber wie lange noch wird er an sich und an ein Leben in Freiheit glauben. Wird er sich befreien?
Im selben Augenblick, als der Mann das alles sah, wusste er: Dieser Tag würde sein eigenes Leben von Grund auf verändern. Es war höchste Zeit, aber es war noch nicht zu spät.

*Nach einer Idee von Jorge Bucay*

Hier endet die Geschichte. Doch für den Mann geht sie jetzt erst richtig los. Wie könnte es weitergehen? Was wird der Mann nun tun? Überlegt und erzählt euch gegenseitig verschiedene Möglichkeiten: Papa, Mama, deine Geschwister oder Freunde und du selbst! Oder schreibe deine Fortsetzung der Geschichte auf.

**Hörst du gern Geschichten?** Lieber frei erzählt oder lieber vorgelesen? Soll die Geschichte immer gleich erzählt sein, weil sie sonst nicht »richtig« ist, oder magst du kleine Veränderungen, so dass du jedes Mal aufs Neue aufmerksam und gespannt sein kannst? Dann lies einmal das Folgende!

## Die falsch erzählte Geschichte

»Es war einmal ein kleines Mädchen, das hieß Gelbkäppchen.«
»Nein, Rotkäppchen!«
»Ach ja, Rotkäppchen. Seine Mutter rief es und sagte zu ihm: Hör mal, Grünkäppchen ...«
»Aber nein, Rotkäppchen!«

»Ach ja, Rotkäppchen. Geh zu Tante Diomira und bring ihr diese Kartoffelschalen.«

»Nein: Da hast du ein Stück Kuchen und eine Flasche Wein, bring es der Großmutter.«

»Schon gut. Das Mädchen ging in den Wald und begegnete einer Giraffe.«

»Du bringst alles durcheinander! Es begegnete dem Wolf, keiner Giraffe.«

»Und der Wolf fragte: Wie viel ist sechs mal acht?«

»Gar nicht wahr! Der Wolf fragte: Wo hinaus so früh?«

»Du hast recht. Und Schwarzkäppchen antwortete ...«

»Es war Rotkäppchen, rot, rot, rot!«

»Ja, und es antwortete: Ich gehe auf den Markt, um Tomatensoße zu kaufen.«

»Nicht im Traum: Zur Großmutter, sie ist krank und schwach, aber ich weiß den Weg nicht mehr.«

»Richtig. Da sagte das Pferd ...«

»Was für ein Pferd! Es war doch ein Wolf!«

»Klar. Und er sagte: Du fährst mit Linie fünfundsiebzig, steigst am Domplatz aus, biegst rechts ab, du wirst drei Stufen und ein Geldstück auf dem Boden finden, lass die Stufen stehen, heb das Geld auf und kauf dir einen Kaugummi.«

»Großvater, du kannst wirklich keine Geschichten erzählen, du erzählst alles falsch. Aber einen Kaugummi kaufst du mir trotzdem.«

»Schon gut: Da hast du das Geld.« Und Großvater las wieder seine Zeitung.

*Gianni Rodari*

**Wer Geschichten erzählt, erfindet eine neue Welt.** Wer Geschichten hört, taucht ein in diese Welt und erschafft sie mit eigenen Vorstellungen noch einmal neu. Woher kommen die Geschichten eigentlich? Manche sagen, sie liegen auf der Straße, du musst die Welt nur mit offenen Augen sehen und schon entdeckst du auch die Welt der Geschichten. Andere sagen, sie liegen in dir versteckt, du musst nur in dich hineinhören und schon bist du in deiner Geschichtenwelt. Es heißt auch, Geschichten kommen in Wirklichkeit aus einer unsichtbaren Welt, die uns im Leben meistens verborgen bleibt. Sie sind aber für uns eine Brücke zu dieser Welt.

Ich möchte so gern Geschichten erfinden und sie in mir und in der Welt finden, die noch niemand kennt, Geschichten die von dieser anderen Welt erzählen, Geschichten, die etwas zeigen, was man anders gar nicht sagen kann als in einer Geschichte. So wie in meiner kleinen Sammlung kurzer Weltgeschichten, die du nun lesen kannst.

Den Anfang macht ein Kind. Die zehnjährige Anna Christina Overbeck denkt in ihrer fantasievoll wahren Weltgeschichte nach über das Nichts, über Gott und den Anfang:

## Gott erschuf das Universum

Es war einmal ein Nichts und Gott. Gott fand sein Nichts langweilig, denn er musste es bewachen. Doch es gab gar nichts zu bewachen. Gott wollte etwas schützen, heilen und segnen. Er überlegte und überlegte und schließlich griff er in die Zukunft und pflückte einen Grashalm aus der Zukunft. Gott betrachtete ihn skeptisch; dann knetete, faltete und segnete er ihn und schnipste ihn fort. Mit einem lauten Knall flog er in das Nichts und explodierte. Damit hatte Gott das Feuer. Das Feuer wurde zu Lava und erlosch langsam. Gott pustete kräftig und das glühende Gestein zerlegte sich in viele schöne Kugeln. Gott freute sich, denn eine Kugel war genau richtig für seinen Plan. Er segnete sie und machte sie zur schönsten Kugel von allen. Sofort bildeten sich Wasser, Gras und andere Pflanzen, Tiere und Menschen. Eilig segnete er die anderen Kugeln und gab einigen die Kraft zum Leuchten. Der größten Kugel gab er sehr viel Licht, damit er seine Lieblingskugel auch gut sehen konnte. Ansonsten machte er die anderen Kugeln »langweilig«, denn mit seiner Lieblingskugel, der Erde, hatte und hat er ja genug zu tun.

*Anna Christina Overbeck, 10 Jahre*

Wechseln wir den Standpunkt und gehen hinunter auf die Erde. Der Kinderschriftsteller Gianni Rodari hat sich überlegt, wie es weiterging.

## Die große Weltgeschichte

Am Anfang war die Erde wüst und leer. Es kostete große Mühe, sie ein wenig wohnlicher zu machen. Es gab keine Brücken, um die Flüsse zu überschreiten, keine Wege, um die Berge zu ersteigen, und wenn du dich setzen wolltest, so fandest du nicht den Schatten einer Bank, und fielst du vor Müdigkeit um, so war kein Bett da. Um die Füße vor Verletzungen zu schützen, gab es weder Schuhe noch Stiefel. Wer schlecht sah, konnte sich keine Brille kaufen. Zum Fußballspielen gab es keine Bälle. Es waren weder Töpfe noch Feuer vorhanden, um die Makkaroni zu kochen, ja, wenn man genau hinschaute, waren auch keine Makkaroni da. Es gab von nichts etwas. Null von Null und Schluss. Nur die Menschen waren da, mit zwei starken Armen zur Arbeit, und damit kann für alles ein Ausweg und Abhilfe geschaffen werden. Und zu verbessern gibt es noch viel: Krempelt die Ärmel auf – da ist Arbeit für alle!

*Gianni Rodani*

Doch wie ist es mit Gott und den Menschen? Waren sie einmal beieinander, sind sie dann auseinandergegangen und kommen sie wieder zueinander? Eine alte Geschichte, die Papa mir erzählt hat, fragt nach Himmel und Erde, nach dem Platz der Menschen vor, während und nach ihrem Leben:

## Der Schlüssel zum Himmel

Es wird erzählt, als Gott das Universum und die Welt werden ließ, da waren die Menschen noch alle im Himmel. Aber Gott hatte für die Menschen die Erde bestimmt. Gott wollte, dass sie auf der Erde geboren werden. »Was können wir tun«, fragte ein Engel, »dass sie nicht immer zu uns in den Himmel kommen, dass sie bleiben, wo ihr Platz ist?«
Gott und die Engel überlegten. Ein Engel hatte eine Idee: »Wir müssen den Himmel verschließen.« »Aber wo lassen wir dann den Schlüssel?«, fragte ein anderer. »Wir müssen ihn verstecken – an einem Ort, wo kein Mensch ihn findet.«

Ein Engel machte den Vorschlag: »Wir könnten den Schlüssel in der Tiefe des Meeres versenken.« Da sprach Gott: »Ich kenne die Menschen. Dort werden sie ihn finden.«
Ein anderer Engel meinte: »Dann verstecken wir den Schlüssel im Schnee des allerhöchsten Berges.«
Gott wandte ein: »Auch an diesem Ort werden sie ihn finden.«
Wieder ein anderer Engel schlug vor: »Wir schießen den Schlüssel ins Weltall.«
Gott sprach: »Sie werden ihn finden.«
Da rief der kleinste von allen Engeln, der bisher geschwiegen hatte: »Ich kenne einen geheimen Ort: Wir verstecken den Schlüssel im Herzen der Menschen.«
Darauf sprach Gott: »Ja, das lass uns tun, sie finden ihn leichter im tiefen Meer, auf dem höchsten Berg und in der Weite des Weltraums als in ihrem eigenen Herzen. Und jeder Mensch, der ihn dort findet, soll ihn auch benutzen dürfen und dorthin zurückkehren, wo er herkommt.«

*Nach einer alten islamischen Geschichte*

Und wie ist das mit Gott, den Menschen und den Geschichten? Aus unserem Religionsunterricht kenne ich eine Geschichte von einem jüdischen Lehrer über das Geschichtenerzählen:

Ich will dir von einem Rabbi erzählen: Jedes Mal, wenn seinem Volk ein Unheil drohte, suchte der Rabbi im Wald eine bestimmte Stelle auf, entfachte dort ein Feuer, sprach ein Gebet und das Wunder geschah: Das Unheil zog sich zurück.
Als Jahre später der Schüler dieses Lehrers aus dem gleichen Grund den Himmel um Hilfe anflehen sollte, ging er zu derselben Stelle im Wald und sagte: »Gott des Lebens, schenk mir dein Ohr. Ich weiß nicht, wie ich das Feuer entfachen muss, aber ich kann das Gebet aufsagen.« Und das Wunder geschah.
Wieder Jahre danach ging der Schüler dieses Schülers des Lehrers in den Wald, um sein Volk zu retten. Er sprach: »Ich weiß nicht, wie es möglich ist, das Feuer zu entfachen. Auch kenne ich nicht das Gebet, aber ich kann die Stelle bestimmen und das sollte genügen. Es genügte und das Wunder geschah.
Schließlich kam die Reihe an den Schüler dieses Schülers des Schülers des Lehrers, das Unheil abzuwenden. Er saß in seinem Lehnstuhl, nahm seinen Kopf zwischen die Hände und rief zu Gott: »Ich bin nicht fähig, das Feuer zu entzünden, ich kenne nicht das Gebet und finde auch die Stelle im Wald nicht wieder. Alles, was mir übrig bleibt, ist diese Geschichte zu erzählen.«
Wird das genügen? fragst du dich. Ja, es genügte.
Alles aber, was wir heute wissen, ist, dass wir nicht mal mehr diese Geschichte erzählen können. Das Einzige, was uns bleibt, ist zu erzählen, dass wir es nicht können …
Genügt selbst das noch?
*Gott schuf den Menschen und der Mensch kam auf die Welt,*
*weil Gott Geschichten liebt.*

*Nach einer alten jüdischen Geschichte*

Nun, welche der vier Geschichten gefällt dir am besten? Wovon würdest du erzählen? Jetzt hast du Zeit und Platz für deine kleine Weltgeschichte! Auch du kannst eine Geschichte vom Anfang schreiben, vielleicht über den Geschichtenerzähler und Welterfinder, ohne den es nichts gäbe, zum Beispiel mit der Überschrift »Vom Nichts zum Etwas« oder »Als die Welt noch jung war« oder »Wie das Leben zur Welt kam«!

**Was wäre die Welt ohne das Leben?**

Öde und leer, grau und langweilig, tödlich und heiß.
Nur Wasser und Salz, Stein und Sand,
keine Luft und keine Erde, keine Wälder, Wiesen und Blumen,
keine Tiere und keine Menschen, kein Du und kein Ich.

Vor mehr als dreieinhalb Millionen Jahren begann etwas Wunderbares. Aus dem Chaos wurde immer mehr Ordnung. Ganz allmählich entstand das Leben. Aus Atomen setzten sich Moleküle zusammen. Moleküle bildeten Zellen. Zellen ließen Gewebe entstehen.

Gewebe formten Organe und Organe einen Körper, einzigartig und unverwechselbar. Und viele Lebewesen derselben Art bilden Gemeinschaften.

Das Großartige ist: Jedes Molekül hat Eigenschaften, die die Atome nicht haben. Zellen können etwas, was die einzelnen Moleküle nicht können. Auch das Gewebe und die Organe und der Körper sind immer den Einzelteilen überlegen, aus denen sie bestehen. Das Ganze ist mehr als die Summe seiner Teile. So entsteht eine immer größere Vielfalt des Lebens.

Zum Leben gehören aber nicht nur die Tiere und Menschen. Auch Pflanzen bestehen aus Zellen und sie leben. Ohne sie hätten wir und die Tiere nicht entstehen können. Denn Pflanzen stellen Energie her, wir dagegen verbrauchen Energie. Pflanzen nehmen über ihre Blätter das Licht der Sonne auf und schaffen aus Kohlendioxid und Wasser, das sie über die Wurzeln aus der Erde holen, energiereichen Zucker und Sauerstoff. Mithilfe des Zuckers können sie alle Stoffe, die sie zum Leben brauchen, selbst herstellen, und den Sauerstoff brauchen wir als Luft zum Atmen.

Je mehr ich darüber nachdenke, umso klarer wird es mir: Die Pflanzen brauchen uns nicht unbedingt zum Leben, wir aber brauchen die Pflanzen. Wir müssen sie schützen und pflegen und sollten uns eigentlich mindestens einmal im Jahr bei ihnen bedanken für ihre Arbeit zum Wohle der anderen Lebewesen. Denn ohne sie ginge uns die Puste aus. Schlimmer noch: Uns hätte von Anfang an der Lebensatem gefehlt.

# Total normal?

## Experimente zum Staunen

### Die Luft einatmen und ausatmen

Es gibt etwas, das tun wir ständig, ohne es zu merken und ohne besonders darauf zu achten: Wir atmen Luft ein und aus. Versuche es einmal ganz bewusst – atme ein und atme aus – hole tief Luft und lasse sie langsam wieder aus deinem Körper ausströmen!

Ohne Luft können wir nicht leben. Beim Atmen tauschen wir lebenswichtige Stoffe aus. Die Luft ist geheimnisvoll, weil wir sie nicht sehen können. Sie besteht aus unvorstellbaren, unzähligen, winzig kleinen Molekülen, die umeinander herumtanzen und eine Milliarde Mal in der Sekunde gegeneinanderstoßen. Diese für uns unsichtbaren Gebilde sind viele Milliarden Jahre alt.

Beim tiefen Einatmen füllt sich unsere Lunge mit ungefähr einem Liter Luft – versuche es noch einmal! Und nun atme wieder langsam aus. Beim Ausatmen vermischen sich die zum Teil veränderten Moleküle mit der Außenluft und verteilen sich – du glaubst es kaum – im Lauf weniger Jahre durch den Wind über die ganze Erde. Und dann gibt es in jedem Liter Luft auf der Erde ungefähr 10 Moleküle aus diesem Atemzug. In jedem tiefen Atemzug sind also auch einige Moleküle, die du bei deinem ersten Schrei nach der Geburt ausgestoßen hast. Und genauso atmest du Moleküle von jedem Menschen der Welt aus vergangenen Zeiten wie aus der Gegenwart ein.

Die Moleküle, die du einatmest, stammen von einem der ersten Menschen in Afrika und vom letzten Atemzug von Jesus am Kreuz, sie kommen von einem Verbrecher und einem Friedensstifter, sie sind von einem heutigen Menschen, den du gern hast, und von einem, den du nicht magst.

Über die Luft zum Leben sind alle Menschen miteinander verbunden!

Jeder Mensch erfährt die Welt anders. Und es ist oft sehr schwer, mit anderen darüber zu sprechen. Hinter der folgenden Geschichte stehen viele andere.

## Hört-das-Gras-wachsen

Indianer hören die Eisenbahnzüge sehr lange, bevor sie da sind. Sie brauchen nur ein Ohr an die Schiene zu legen. Ist keine Schiene da, so legen sie das Ohr auf die Erde. Sie hören dann natürlich keinen Zug, sondern zum Beispiel einen Reiter, den sie schon lange erwarten, oder eine Büffelherde. Wenn nichts unterwegs ist, hören sie nichts.
Doch das ist selten.

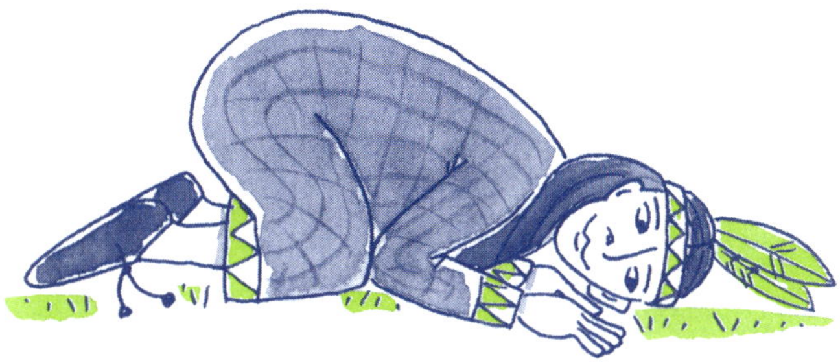

Einmal lebte ein Indianer, der Hört-das-Gras-wachsen hieß und der das Gras wachsen hörte. Er brauchte nur sein Ohr auf die Erde zu legen. Was er hörte, war kein Rauschen, kein Knistern und kein Krachen, es war nichts von alldem, war alles auf einmal und ganz etwas anderes. Es war ein lautes Kitzeln im Ohr des Indianers, aber auch das war's nicht genau. Hört-das-Gras-wachsen lachte, wenn er das Kitzeln hörte. Er stand auf und sagte zu seinen Gefährten: »Das Gras wächst!« Hört-das-Gras-wachsen erhielt keine Antwort, denn Indianer sind schweigsam.

*Jürg Schubiger*

- Fällt dir die Geschichte ein von der Frau mit dem Namen »Versteh-es-nicht-zu-schnell«?
- Kennst du auch den Mann, der »Schaut-genau-hin« heißt? Erzähle von ihm!
- Und dann war da noch der Mensch, den alle »Horcht-in-sich-hinein« nannten: Was hat er erlebt?
- Oder kannst du uns erzählen von der Frau »Es-gibt-mehr-als-du-siehst«? Wie kam sie zu ihrem Namen?
- Eine beeindruckende Rede hielt das Kind »Sei-der-du-bist«. Niemand hatte das erwartet ...

Vielleicht findest und erfindest du auch Geschichten von Menschen, deren Namen ich gar nicht kenne!

Wenn du auch so einen sprechenden Namen hättest – wie würdest du gerne heißen?

Frage deine beste Freundin oder deinen besten Freund: Wie würden sie dich nennen?

Woher kommen denn eigentlich die Namen und die Wörter? Jürg Schubiger macht uns interessante Vorschläge, woher Tiere ihren Namen haben.

## Woher die Tiere ihre Namen haben

Das Wort »Krokodil« kommt aus dem Ägyptischen und heißt dort: Hu, noch einmal Glück gehabt!

Der Hund hieß früher einmal »Hand«, weil er ebenso viele Beine hat wie die Hand Finger, nämlich vier oder fünf, je nachdem, ob man den Schwanz des Hundes dazu- oder den Daumen der Hand wegzählt.

Das Maultier heißt »Maultier«, weil es ein Tier ist, das ein Maul hat.

Das Reh heißt im Grunde gar nicht »Reh«, sondern ganz anders. Sein Name ist so lang und so schwer auszusprechen, dass niemand ihn behalten hat. Hätte ihn jemand behalten, so würde es heute noch heißen, wie es wirklich heißt. »Reh« sagt man dem Reh bloß, weil das einfacher ist. »Reh« ist einfach, aber falsch.

Die Kuh heißt »Kuh«, weil sie so aussieht.

Die Katze heißt »Katze«, weil sie so aussieht wie andere Tiere, die so heißen.

Eine Katze, die »Katze« hieß, hätte viel lieber »Maus« geheißen. Da aber die Maus schon so hieß, und zwar schon sehr lange, musste die Katze, damit es keine Verwechslungen gab, ihren Namen behalten.

Der Stichling und der Bückling haben ihre Namen aus Büchern über Fischerei.

Zwei Buben entdeckten im Wald einen flaumigen Vogel, den sie nie zuvor gesehen hatten. Guck, guck!, sagte der eine zum anderen, indem er auf den Vogel zeigte. Von diesem Tag an wurde der Vogel »Guckguck« oder »Kuckuck« genannt.

Der Name »Papagei« kommt aus dem Indianischen und bedeutet: »Lass mich doch mal ausreden, ja!«

Mensch kommt vom deutschen Wort »Mensch« und bedeutet ursprünglich: »Was tun wir hier auf zwei Füßen und mit einem Kopf, der weit in die Wolken reicht?«

Die Amsel ist das einzige Tier, das keinen Namen hat. In alten Sprachen bedeutet »Am-sel«: namenlos.

*Jürg Schubiger*

Diese Erklärungen hat sich Jürg Schubiger natürlich ausgedacht. Und doch ist ein tieferer Sinn im Unsinn verborgen. Manche Namen und Wörter haben mit dem Aussehen oder mit Geräuschen zu tun, andere sind aus alten oder fremden Sprachen übersetzt, manche sind aus dem Gebrauch von Sprache allmählich entstanden, andere lassen sich gar nicht erklären.

**Sprache ist** so wie die Zeit und wie das Leben **etwas Rätselhaftes.** Die Bedeutung der Wörter wird zwischen Menschen vereinbart. Wir brauchen die Sprache, um uns zu verstehen. Wir wissen aber, dass sie die Dinge niemals richtig und die Wirklichkeit niemals ganz erfassen kann. Jeder bringt andere Erfahrungen mit einem Wort zusammen und manchmal ist das einfachste Wort uns plötzlich fremd.

# Total normal?

## Experimente zum Staunen

### Ein Wort fremd und sinnlos reden

Bei diesem Wort-Experiment solltest du ganz ungestört für dich sein. Suche dir ein ganz alltägliches Ding aus, etwas, was jeder kennt, und nimm es in deine Hand. Das kann ein Bleistift sein oder ein Kamm, ein Fußball oder dieses Buch (das wäre praktisch: Du hast es ja schon in der Hand). Betrachte den ausgewählten Gegenstand genau von allen Seiten. Schon immer, seit du denken kannst, heißt er so, wie er heißt. Dieses Wort ist dir seit langer Zeit vertraut, immer gleich, selbstverständlich und normal.
Nun spreche laut und deutlich den Namen des Dings aus. Sage beispielsweise mit dem Fußball in den Händen immer wieder: »Fußball«, »Fußball«, »Fußball«, »Fußball«, »Fußball«, »Fußball«, »Fußball«. Hör nicht zu früh auf! Du wirst sehen: Schon sehr bald löst das Wort sich auf, wird immer kleiner oder lächerlich, hat keinen Sinn, nur noch einen Klang, der dir so merkwürdig erscheint, als käme er aus einem anderen Land oder einer anderen Welt. Das unsichtbare Band zwischen dem Ding und dem Wort wird brüchig. Gerade noch war es so stark, als könnte es niemals zerreißen. Es ist ein bisschen unheimlich, vielleicht sogar erschreckend. Wir wollen die Welt gern benennen, den Dingen Namen geben, dann ist sie nicht so bedrohlich und fremd.
Doch nach kurzer Zeit passiert etwas Neues. Die Fremdheit des Wortes ist plötzlich wie weggeflogen. Der Sinn ist wieder da, als wäre er niemals weg gewesen. Natürlich ist dieses Ding ein »Fußball«. Wie anders sollte man es nennen. Und gleich ist nicht das Wort, sondern der Fußball selbst weg, wenn ich ihn nämlich draußen hoch in die Luft oder besser noch ins Tor schieße. Denn danach bettelt mich dieses Ding gerade dringend an. Wie sollte ich da widerstehen?

## Tischrede

Hast du schon einmal über einen TISCH nachgedacht?
Zum Beispiel, was den TISCH denn zum TISCH gerade macht?
Was macht ihn so TISCHIG, so TISCHARTIG, TISCHHAFT?
Eine geheimnisvolle TISCHKRAFT?
Und TISCHT ein TISCH eigentlich, oder wird er GETISCHT?
Und VERTISCHT er, wenn seine TISCHHEIT erlischt?
Und machst du so weiter mit TISCH, bis du döst,
hat plötzlich TISCH von dem Ding sich gelöst.
Und du fragst dich: »Wieso denn eigentlich TISCH?«
Und TISCH klingt so fremd, TISCH klingt so frisch.
Und du bist ganz erstaunt, weil du ganz sicher weißt,
dass TISCH eigentlich überhaupt nichts »heißt«.
Dafür steht in deinem Zimmer ganz dumm
ein gänzlich Namenloses herum.
So fremd und unheimlich unbekannt,
ganz stumm, unbegreifbar und unbenannt,
fast unsichtbar, gar nicht richtig da ...

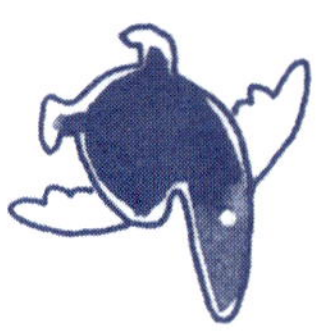

Und dann, dann sagst du auf einmal: »Aha,
das ist ja der TISCH!« Und es schnappt wieder ein.
»Der Tisch, na klar, was sonst soll es sein?«

*Martin Auer*

# Platz da, jetzt kommst du!

## Die zweite leere Seite

# Drittes Heft

das mit einem Holzwurm beginnt und mit einem noch viel winzigeren Tier endet. Dazwischen geht es um ein Labyrinth, um Reisen in die Ferne und in die Welt des Unsichtbaren und um unbeantwortete Fragen eines weltberühmten Dichters. Vor allem aber steht in diesem Heft unglaublich viel Staunens- und Wissenswertes über Sonne, Mond und Sterne im Weltall – und über Enten und Hühner auch. Doch Vorsicht: Das Experiment unter dem Sternenhimmel ist nur für Schwindelfreie!

# Einfach tierisch

## Fragen nach Woher und Wohin, nach Warum und nach Sinn

Du kennst bereits das Kamel, das nicht mehr fragt, sondern nur noch müde guckt. Und auch den Elefanten, der seine Stärke und Macht verlernt und vergessen hat. Wie anders ist da der Holzwurm in der folgenden Geschichte.

### Die Geschichte vom Holzwurm

In einem Dachstuhlbalken lebten einmal fünf Holzwürmer. Ihr Leben bestand aus nagen, nagen und nochmals nagen. In der Zeit, in der sie nicht nagten, schliefen sie und das war auch schon alles. Schon die Eltern der fünf Holzwürmer hatten in diesem Balken ihr Nagewerk verrichtet und ebenso ihre Großeltern und ihre Urgroßeltern. Auch die Eltern der Urgroßeltern und deren Großeltern hatten schon an diesem Balken genagt. Kurzum, die ganzen Vorfahren der fünf Holzwürmer hatten nichts anderes gemacht, als Löcher in diesen Balken zu nagen, und sie hatten sich recht gut davon ernähren können.
Man kann sich aber vorstellen, dass das Leben dieser Holzwürmer nicht besonders aufregend war. Auch in geschmacklicher Hinsicht war nicht viel los; es war ja schließlich immer derselbe Balken, in dem sie nagten. Na gut, hier und da stieß einer der Holzwürmer auf eine vertrocknete Harzader und dann gab es für kurze Zeit eine Abwechslung auf dem Speisezettel. Aber so etwas kam sehr selten vor.
Eines Tages, als die fünf Holzwürmer in einer Nagepause zusammensaßen, unterhielten sie sich darüber, wie die Welt wohl außerhalb des Balkens aussehe.

»Ich weiß sogar den Weg, der aus diesem Balken herausführt!«, sagte der älteste der fünf Holzwürmer. »Eine Ameise, die ich einmal in einem meiner Gänge getroffen habe, hat ihn mir genau beschrieben.«
»Ach was«, sagte ein anderer Holzwurm, »meiner Ansicht nach gibt es überhaupt keine andere Welt außer dieser. Das sind doch alles Fantastereien. Die Welt besteht nun einmal aus Holz, das ist die Realität des Lebens, mein Lieber, ob es dir nun passt oder nicht!«
Ein anderer Holzwurm sagte: »Nun, möglicherweise gibt es doch noch etwas anderes als Holz, das würde ich gar nicht bestreiten. Aber ich sage euch: Denkt ja nicht viel darüber nach! Das kann sehr gefährlich werden. Wer weiß schon wirklich, was außerhalb des Holzes ist? Kein Wurm kann das wissen!«
Der vierte Holzwurm sagte: »Mich interessiert das überhaupt nicht. Solange ich mich jeden Tag vollfressen kann, ist doch ohnehin alles in bester Ordnung, oder?«
Der fünfte Holzwurm hatte mit großem Interesse zugehört. Er hatte schon oft darüber nachgedacht, wie es wohl außerhalb des Balkens aussieht. »Wer weiß?«, sagte er jetzt. »Vielleicht gibt es noch andere Arten von Holz. Das könnte doch möglich sein? Vielleicht fressen wir das minderwertigste Holz, das es gibt, und wissen es nicht. Möglicherweise gibt es ganz in der Nähe süßes Holz oder weiß ich was?«
Aber die anderen Holzwürmer lachten ihn nur aus. »So ein Spinner!«, sagten sie und der älteste Holzwurm sagte spöttisch: »Wenn du so neugierig bist, schau dir doch die andere Welt an! Der Weg hinaus ist ganz einfach: Du brauchst nur immer in Richtung Süden zu nagen. Das hat mir die Ameise gesagt. Also, niemand hält dich auf!« Und die anderen Holzwürmer lachten wieder.
Der fünfte Holzwurm aber sagte: »Ihr braucht gar nicht zu lachen! Ich riskier's! Von mir aus könnt ihr hier verschimmeln!«
Und von dieser Stunde an nagte er nur noch in Richtung Süden. Er war mit großem Eifer bei der Arbeit und in seiner Fantasie stellte er sich die neue Welt wunderbar vor. Er war überzeugt, dass am Ende seines Weges ein wahres Holzwurmparadies auf ihn warten würde.
Was der Holzwurm aber nicht wusste, war, dass ihn der älteste Holzwurm aus lauter Bosheit in die falsche Richtung geschickt hatte. Die Ameise hatte nämlich »Westen« statt »Süden« gesagt, und so nagte er in die falsche Richtung, immer dem Balken entlang. Er kam niemals aus dem Balken heraus.

Nach sechs Jahren ununterbrochener Arbeit fühlte der Holzwurm, dass er sehr schwach geworden war und bald sterben würde. Nun muss ich sterben und habe es nicht geschafft, dachte er. Bevor er die Augen schloss, sagte er noch: »Aber versucht hab' ich's doch!«, und er sah dabei sehr zufrieden aus.

*Erwin Moser*

Papa hat mir ein verrücktes Buch gezeigt. Darin stehen nur Fragen – nichts anderes. Über dreihundert Fragen hat Pablo Neruda, ein Dichter aus Chile, kurz vor seinem Tod in sein *»Buch der Fragen«* geschrieben. Mit fast 70 Jahren und schon sterbenskrank stellt er Fragen wie ein Kind, das noch neu auf der Welt ist. Einige Fragen gefallen mir so gut, dass ich sie für dich notiert habe. Finde deine Antworten auf diese Fragen und du wirst selbst zu einem Dichter!

Wie viele Fragen hat eine Katze?

Warum lässt sich der Donnerstag nicht überreden, nach dem Freitag zu kommen?

Wer hat alles laut gejubelt, als die blaue Farbe zur Welt kam?

Wen kann ich fragen, was auf dieser Welt ich suche?

Wo ist der Regenbogen zu Ende, in deiner Seele oder am Horizont?

Ist unser Leben nicht vielleicht ein Tunnel zwischen zwei verschwommenen Lichtern? Oder ist es nicht eher ein Licht zwischen zwei Dreiecken düster?

Wohin wandert all das Geträumte? In die Träume anderer Menschen?

Warum bin ich nicht als Rätsel geboren?

Bin ich zuweilen ein Bösewicht oder immer ein Guter?

Wo ist das Kind, das ich gewesen, wohnt es in mir oder ist es fort?

# Das geheime Wissen der Pinguine

## Kinderfragen als Schlüssel zur Wahrheit der Welt

Dass die Erde keine Scheibe ist, hat sich mittlerweile herumgesprochen. Dennoch wundert sich so manches Kind darüber, warum manche Menschen – zum Beispiel die auf der anderen Seite der Welt – nicht von der Erde herunterfallen. Es bleiben wie immer Fragen. Der zehnjährige Johannes Gering stellt eine Schlüssel-Frage an die Pinguine zum Wesen der Welt: »Warum ist die Erde rund?«

### Warum ist die Erde rund?

Euer Gnaden, was soll ich sagen, es gibt hier mindestens zwei Möglichkeiten. Erstens die kurze Antwort und zweitens die ausführliche. Die kurze Antwort lautet: Die Erde ist rund, weil sie eine Kugel ist. Kugeln sind nämlich immer rund. Und weil unsere Erde eine Kugel ist, heißt sie auch Erd*kugel* und nicht Erd*würfel*.
Die ausführliche Antwort beginnt mit der Schöpfung. Lange vor der Erschaffung der Erde. Lange vor der Erschaffung des Weltalls. Damals war alles noch Wunsch und Gedanke, Klang und Fantasie. Alles war möglich und noch nichts ausgesprochen. In dieser Zeit, als alles noch Gedanke war, spielte die Schöpfung das große Spiel der Möglichkeiten. Ein Gedankenspiel. Es beginnt stets mit derselben Frage: *Was wäre wenn?*
Was wäre, wenn die Erde die Form eines Pfeiles bekäme? Kaum hatte die Schöpfung diesen Gedanken gefasst, da hörte sie auch schon Schreien und Rufen: »Nach vorne! Nach vorne! Lasst mich durch! Platz da, lasst mich vorbei! Ich muss nach vorne, aus dem Weg!«

Und wer unsicher auf den Beinen war, der wurde zur Seite gestoßen. Wer höflich war, fiel zurück. Wer stehen blieb, wurde ausgelacht, wer nachdenklich war, wurde überholt. Wer aber seine Ellenbogen benutzte, zu Grobheit neigte und nur ein Ziel vor Augen hatte, der gelangte nach vorne an die Spitze des Pfeiles.

Da wusste die Schöpfung, dass die Erde niemals die Form eines Pfeiles bekommen durfte.

Sie begann ihr Spiel der Möglichkeiten von neuem:

Was wäre, wenn die Erde die Form einer Scheibe bekäme? Kaum hatte die Schöpfung diesen Gedanken gefasst, da hörte sie auch schon Empörung und heftiges Streiten – alle schoben sich zur Mitte. Keiner wollte an den Rand gedrängt werden. Jeder wollte im Mittelpunkt stehen. Die Mitte der Erdenscheibe wurde zum heiß umkämpften Platz. Wieder waren es die Stärksten und Brutalsten, die den Platz im Mittelpunkt einnahmen, die das Zentrum der Erdscheibe eroberten. Die sich selbst als Mitte betrachteten. Die Freundlichen, die Schwachen, die Nachdenklichen und die Langsamen wurden allesamt an den Rand gedrängt, an den Abgrund und die Leere.

Da wusste die Schöpfung, dass die Erde niemals die Form einer Scheibe bekommen durfte.

Die Schöpfung begann in ihrem Spiel der Möglichkeiten noch einmal ganz von vorne: Was wäre, wenn die Erde die Form einer Pyramide bekäme?

Schon sah die Schöpfung vor ihrem inneren Auge diese Pyramide wachsen. Am Fuße der Pyramide aber schrie und tobte es wild durcheinander: »Nach oben! Aufwärts! Nach oben!« Alle schienen von einem einzigen Gedanken beseelt – möglichst hoch hinaufzukommen, vielleicht sogar bis auf die Spitze! Alles drängte zum Gipfel.

Wer bedächtig war, wurde überrannt. Wer langsam war, wurde zurückgestoßen. Wer schwach war, wurde nach unten gedrängt. Kinder und Alte blieben liegen.

Nur die Rücksichtslosen stiegen unaufhaltsam auf. Sie kannten keine Hindernisse. Wer ihnen im Weg war, wurde nach unten gestoßen. Wer höflich war, wurde ausgenutzt und musste den Rücksichtslosen sogar noch helfen, höher hinaufzugelangen. Wer vor ihnen war, an den hielten sie sich so lange, bis den die Kraft verließ.

Wer die Spitze erklommen hatte, musste beständig nach unten treten, um nicht vom Gipfel gestoßen zu werden. Der Kampf der Aufsteiger um den Platz an der Spitze wurde unbarmherzig ausgefochten: Jeder war sich selbst der Nächste. Kaum war einer oben angelangt, schon wurde er wieder vom Gipfel gestoßen. Am Fuße der Pyramide aber lagen jene, die es nicht geschafft hatten, und die wenigen, die gar nicht erst probiert hatten, bis ganz nach oben zu kommen.

Da verwarf die Schöpfung auch diese Idee, der Erde die Gestalt einer Pyramide zu geben.

Die Erde musste ganz anders sein:

Ohne Anfang und ohne Ende. Ohne ein Vorne und ohne ein Hinten. Überall im gleichen Abstand von der Mitte. Ohne ein Oben und ohne ein Unten.

Im Spiel der Möglichkeiten formte die Schöpfung aus ihren Gedanken die Erde. Ihr Ebenmaß war vollkommen. Ihre Gestalt war die einer Kugel.

Licht und Wärme musste die Sonne spenden. Doch wo Licht ist, ist auch Schatten. Damit aber Licht und Schatten gerecht verteilt wären über die Erde, gab die Schöpfung ihr einen Schubs. Die Erde drehte sich. Tag und Nacht setzten ein.

Im Spiel der Möglichkeiten hatte die Schöpfung für die Erde die gerechteste Form erdacht – denn auf einer Kugel sind alle gleich weit vom Mittelpunkt entfernt. Auf einer Kugel gibt es weder ein Oben noch ein Unten. Auf einer Kugel gibt es weder einen Anfang noch ein Ende. Auf einer Kugel gibt es kein Vorne und kein Hinten.

Die Kugel ist die gerechteste Gestalt, die vollkommenste Form, die uns von der Schöpfung geschenkt wurde.

Sehen Sie, Euer Gnaden, wir Pinguine haben das nicht vergessen. Aus Dankbarkeit über dieses Geschenk der Schöpfung wählten wir damals das Ei, um unsere Jungen zu bekommen. Im Ei ist die Gestalt der Kugel eingefangen, im Dotter das Licht der Sonne.

Auch bei den Menschen, Euer Gnaden, beginnt das pochende Leben in seinen allerersten Anfängen in Gestalt einer winzig kleinen Kugel.

Und ist es nicht so, dass alles, was Leben spendet und erhält, eher rund ist als kantig und scharf?

Manchmal scheint es sogar, als brächten die Menschenkinder ein uraltes Wissen mit auf die Welt, eine uralte Dankbarkeit: Denn überall auf der Erde

jauchzen die kleinsten Kinder vor Freude, wenn sie zum ersten Mal mit einem Ball spielen dürfen!
Und überall auf der Welt weinen die Kleinen, wenn ihnen einmal ein Luftballon platzt.

*Reinhardt Jung*

Die Kugel ist also die perfekte Form zum Zusammenleben, denn auf ihr sind alle gleich weit vom Mittelpunkt entfernt. Lange Zeit haben die Menschen geglaubt, sie lebten in der Mitte des Universums. Nur mühsam lernten sie, dass die Erde keine Scheibe ist, dass wir auf einer Kugelfläche ohne Mittelpunkt leben, dass die Sonne nicht um die Erde als Mitte kreist, dass sich die Sonne und wir am Rande der Milchstraße befinden und sogar die Milchstraße nur eine von unzähligen Galaxien ist.
Wenn wir aber das alles wissen und nicht vergessen, wie winzig wir im Universum sind, können wir selbstbewusst sagen: Wir leben zwar nicht im Mittelpunkt, aber hier auf der Erde ist jedes Lebewesen ein Mittelpunkt. Das hast du gleich am Anfang in diesem Buch gelesen. **Der Mensch ist Mittelpunkt,** jeder auf seine Weise. Wenn jeder Mensch unendlich wertvoll ist und das für sich und jeden anderen so sieht, dann ist Leben möglich. Du bist Erde und Asche – und um deinetwillen ist die Erde erschaffen.
Und übrigens: Ich bin viel lieber selber Mittelpunkt als *im* Mittelpunkt. Denn die Mitte der Erde ist ein bis zu 7000 Grad heißer Kern, im Zentrum der Sonne ist es noch unendlich viel heißer und in der Mitte der Milchstraße vermutet man ein schwarzes Loch, das alles um sich herum, sogar das Licht anzieht und verschluckt. In solchen Mittelpunkten ist Leben nicht möglich. Da bin ich doch lieber am Rande wichtig.

# Die vorgezeigten Dinge

## Was Sachen mir sagen – mit Dingen was denken

### Das Labyrinth – ein Lebensweg

Das ist mein Labyrinth, mein zweites vorgezeigtes Ding. Auch hier dreht sich alles um eine Mitte. Auf den ersten Blick siehst du ein ziemliches Durcheinander von Wegen, die rund um diese Mitte verlaufen. Ich liebe es, den Weg einer Kugel zu verfolgen, die ich durch die Bahnen von außen nach innen balanciere und immer weiter rollen lasse. Dann werde ich ganz still und nachdenklich, bin ganz bei mir.
Geh du doch auch einmal den Weg mit dem Finger nach – es tut gut! Fang beim Eingang unten an und lies erst weiter, wenn du die Mitte gefunden hast ...

Jetzt bist du überrascht, oder? Wenn du dem Weg immer weiter folgst und die Bahn nicht verlässt, kommst du sicher ans Ziel. Und du stellst fest, du hast keinen Weg ausgelassen, du bist überall gewesen. Du hast die Mitte oft umkreist, warst dem Ziel manchmal schon sehr nah, dann wieder weit entfernt, warst dir nicht immer ganz sicher, bist vielleicht stehengeblieben oder zurückgegangen. Aber wenn du Ausdauer und Vertrauen nicht verloren hast, bist du in der Mitte angekommen.
Dieses Labyrinth ist kein Irrweg, es gibt keine Sackgassen ins Leere. Ein Labyrinth, so hat Mama mir erklärt, ist in seiner ursprünglichen Bedeutung ein Weg, der in einer Linie zum Ziel führt. Ist das nicht ein schönes Bild für unser Leben? Da gibt es auch Umwege zum Ziel, doch es geht immer weiter. Wir können sicher sein: Wenn wir das nicht vergessen, die Mitte nicht aus den Augen verlieren und unseren eigenen Weg weitergehen, werden wir ankommen. Diese Mitte als Ziel des

Weges, das kann ein Bild für uns selbst sein, für unsere Wünsche und Hoffnungen. Wenn wir dann eine Weile in der Mitte waren, wird es Zeit, wieder herauszugehen, die Rückreise anzutreten, zurück ins Leben, zu neuen Zielen, zu anderen Menschen. Kommst du mit mir hinaus?

## Wo Himmel und Erde einander berühren

Zwei Mönche lebten glücklich und zufrieden in ihrem Kloster. Eines Tages jedoch hörten sie die Kunde, es gäbe einen Ort auf der Welt, wo Himmel und Erde einander berühren. Wer diesen Ort gefunden habe, der finde alles Glück des Himmels und der Erde.
So machten sie sich auf und verließen ihr Zuhause, um den Ort zu suchen. Jahrelang wanderten sie über Berge, durch Wüsten und Steppen, durch unendliche Wälder, doch es war vergeblich. Sie kamen nicht an das Ziel ihrer Wünsche. Unterwegs hörten sie aber immer wieder Menschen von diesem Ort erzählen. Eine Tür sei dort. Man brauche sie nur zu öffnen, um dann einzutreten.
Nach ungezählten Jahren – oft schon wollten sie ihr Vorhaben aufgeben und nach Hause zurückkehren – kamen sie an ein Haus, das ihnen fremd und bekannt zugleich erschien. Unerwartet hatten sie gefunden, was sie suchten. Sie standen vor einer niedrigen Tür, öffneten sie, senkten den Kopf und traten demütig ein.
Als sie aufschauten, sahen sie, dass sie in ihrem eigenen Klosterzimmer standen.

*Nach einer alten russischen Geschichte*

Jeder sollte ab und zu seine Heimat verlassen, das Glück woanders suchen, um am Ende wieder zu Hause anzukommen. **Weggehen und wiederkommen,** das ist wie im Urlaub. Ich freue mich auf das Neue, komme aber gern zurück und weiß: Am glücklichsten bin ich daheim. Dass wüsste ich aber nicht, wenn ich nicht weggegangen wäre.
Ich verreise gern mit dem Zug. Ich schaue im Bahnhof aus dem Zugfenster und sehe, es geht los, doch es ist nur der Zug nebenan, der langsam an uns vorbeifährt. Dann jedoch geht die Reise wirklich los. Ohne mich zu bewegen und ohne etwas zu tun, werde ich von einem Ort zum anderen gebracht. Der Zug beschleunigt, wird wieder langsamer, fährt

mal ruhig, mal holprig, immer weiter zu seinem Ziel. Die Landschaft fliegt an mir vorbei. Was weit weg ist, kann ich gut erkennen, was nah ist, verschwimmt zu langen farbigen Streifen. Nur wenn ich die Augen schnell hin- und herbewege, sie mit der Landschaft mitziehe, entstehen kurz Bilder, Schnappschüsse wie mit einem Fotoapparat, von Bäumen, Sträuchern und Wegen. Wenn die ruhige Landschaft schnell vorbeizieht, kann ich über alles Mögliche nachdenken oder einfach nur gucken. Und nach vier Stunden steige ich an einem anderen Ort aus dem Zug und es kommt mir vor, als läge zwischen Anfang und Ende der Fahrt nur ein einziger Augenblick. Und manchmal ist der andere Ort in einem anderen Land mit Menschen, die eine andere Sprache sprechen.

## Das Ausland

Ein Mann war in schweren Schuhen und seit vielen Wochen
unterwegs.
Im Ausland, hatte er gehört, sei es fast wie im Paradies,
und dahin wollte er.
Der Mann ging von Land zu Land.
Keines glich dem Ausland, das man ihm beschrieben hatte.
Er stapfte über Weiden und Wiesen.

Was suchen Sie?, rief ein Bauer,
der sich auf einen Spaten stützte.
Seine Sprache klang fremd,
als käme sie aus einem breiteren Mund mit
flacheren Zähnen.
Das Ausland, sagte der Mann.
Das was?
Das Ausland.
Ho, rief der Bauer, nur immer der Nase nach,
so können Sie es nicht verfehlen.

Der Mann griff sich an seine Nase.
Er lachte, winkte und ging weiter –
zuerst einen Acker entlang, dann in den Wald hinein.
Am folgenden Morgen war er über die Grenze.
Es sah hier nicht aus wie im Paradies,
auch nicht fast wie im Paradies,
eher noch fast wie zu Hause.

Zur Sicherheit fragte er doch einen Straßenarbeiter,
der sich auf seine Schaufel stützte und ihm entgegensah:
Entschuldigung, ist hier das Ausland?
Fehlte gerade noch, war die Antwort.
Der Arbeiter wies ihm den Weg: nur immer der Nase nach.
Das aber war genau die Richtung, aus der der Mann gekommen war.
Er kehrte um, müde und verwirrt.

So geriet er bald darauf wieder auf die Wiesen des Bauern,
der diesmal auf einem Traktor saß
und vom rumpelnden Motor geschüttelt wurde.
Der Bauer beugte sich herab:
Schon zurück aus dem Ausland?
Zurück schon, stotterte der Mann.
Er hatte auf einmal einen traurigen Verdacht:
Vielleicht gibt es das gar nicht, sagte er zu sich selbst, dieses Ausland.

Der Bauer nahm an, der Fremde sei nicht recht im Kopf.
Und dann seine Sprache: Sie klang,
als käme sie aus einem schmaleren Mund mit spitzeren Zähnen.
Er brachte den Motor zum Schweigen.
Ay, wenn man Ihnen so zuhört, sagte er –
Sie sind wohl ein Ausländer, wie?
Kehren Sie nach Hause zurück.
Da ist das Ausland!

*Jürg Schubiger*

Manchmal bist du auf Suche nach etwas ganz Neuem und kommst wieder dahin zurück, wo du losgegangen bist. Aber du hast dich verändert. Du hast auf dem Weg etwas er-fahren.
Kein Mensch empfindet das eigene Land als Ausland. Das Ausland ist immer da, wo andere, fremde Menschen leben. Wer aber sein Land verlässt, wird selbst zum Fremden und fühlt sich fremd. Jeder Mensch ist auch ein Ausländer.
Es ist **alles eine Frage der Perspektive**, eine Frage der eigenen Sichtweise. Und die kann sich ändern, wenn du in der Fremde Freunde findest. Dann spürst du: Jede Frau und jeder Mann, jedes Mädchen und jeder Junge gehören zur Familie Mensch, ganz egal, wo sie leben.

# Einfach tierisch

## Fragen nach Woher und Wohin, nach Warum und nach Sinn

Nach dem Kamel, dem Elefanten und dem Holzwurm kommen wir nun zu Hühnern und Enten, die das Leben unerwartet zusammenführt.

### Die Henne und ihre kleinen Enten

Eine Ente legte eines Tages vier Eier. Doch noch während sie brütete, schlich sich ein Fuchs ans Nest heran und tötete sie. Gerade wollte der Fuchs die Eier fressen, da wurde er von einem Jäger aufgeschreckt und suchte das Weite. Die vier Eier blieben allein und ungeschützt im Nest zurück. Wieder drohte den kleinen Enten der Tod, noch bevor sie auf die Welt kamen.

Da kam eine Henne des Weges, sah die Eier, gackerte laut auf und setzte sich mehr aus Gewohnheit darauf. Ohne darüber groß nachzudenken, brütete sie die Eier aus.
Es dauerte nicht lange, da schlüpften die vier Küken aus ihren gemütlichen, aber zu eng gewordenen Eiern. Natürlich – sie kannten ja noch nichts und niemand auf der Welt – hielten sie das Huhn für ihre Mutter. Schon kurz danach sah man sie in einer Reihe selbstbewusst hinter dem Huhn herspazieren. Auch das Huhn war stolz auf seine außergewöhnlichen Kinder und nahm sie mit zum Bauernhof.

Von nun an begann für die kleinen Enten das Hühnerleben. Jeden Morgen fing ihre Mutter nach dem ersten Schrei des Hahns an, auf dem Boden zu scharren. Die Enten wollten es ihr gern nachmachen. Doch so sehr sie sich auch mühten, es gelang ihnen nicht, auch nur einen Wurm aus dem Boden zu picken. Da versorgte Mutter Henne die enttäuschten Küken mit Nahrung. Sie steckte jeder kleinen Ente einen Regenwurm in den breiten Schnabel. Sie machte sich zwar mit der Zeit immer mehr Sorgen um die Zukunft der Kinder, doch sie war auch sehr gern so ganz und gar für die geliebten Kleinen da.
Jeden Tag spazierte die Henne einmal rund um den Bauernhof und die Küken folgten ihr brav in Reih und Glied. Als die Küken schon ein Stück gewachsen waren, machte die Henne mit ihnen einen Ausflug an den See, der etwas entfernt vom Bauernhof lag. Gerade dort angekommen, warfen sich die kleinen Enten ohne Ankündigung ins kalte Wasser, dass es eine Freude war, ihnen dabei zuzuschauen. Als hätten sie nie etwas anderes getan, planschten sie vergnügt im Wasser und tauchten von Mal zu Mal länger unter.
Ihre Mutter aber stand verzweifelt am Rand des Sees und flehte sie an, aus dem Wasser herauszukommen. Entsetzt und panisch flatterte sie mit den Flügeln, gackerte immer wieder laut vor Aufregung und Angst, ihre Kinder könnten ertrinken.
Der Hahn hatte den Lärm gehört und kam angelaufen. Sofort war ihm klar, was hier passierte. »Sieh dir die heutige Jugend an!«, war sein Urteil,

»ihr Leichtsinn wird sie ins Unglück führen. Ist das der Dank für die Liebe der Mutter?«

Das half der Henne wenig weiter. Sie schaute noch einmal ihre Kinder ungläubig an. Langsam schien sie zu ahnen, was eigentlich nicht sein konnte: Waren ihre Kinder gar nicht in Gefahr? Hatten sie vielleicht gerade ihr eigenes Leben begonnen? Da hörte sie eins ihrer Kinder rufen: »Lasst uns doch sein, wie wir sind, und gebt uns nicht die Schuld, wenn ihr etwas nicht könnt!« Der Hahn wandte sich beleidigt ab und ging zum Bauernhof zurück. Die Henne aber stand mit offenem Schnabel unschlüssig da.

*Nach einer Geschichte von Jorge Bucay*

Papa hat mir diese Geschichte gestern erzählt und mir war gleich klar, dass es um etwas geht, was unter Menschen und auch in unserer Familie passiert. Die **Eltern** wollen **ihren Kindern** mit viel Liebe ins Leben helfen und sie groß werden lassen, doch sie sehen eines Tages, dass ihre Kinder nicht ganz so sind wie sie selbst. Die Kinder wollen ihr eigenes Leben führen und müssen das auch selbst erst entdecken. Das ist für alle ganz schön schwierig und oft kommt es dabei zum Streit. Davon könnten Papa, Mama und ich noch mehr erzählen – kennst du auch so etwas aus eigener Erfahrung?

Aber noch mehr beschäftigt mich die Frage, die Papa nach der Geschichte stellte: Wer hat eigentlich Recht und wer handelt falsch? Ich kann dem eingebildeten Hahn nicht zustimmen, aber die Henne und die Kinder kann ich gut verstehen. Die Mutter liebt ihre Kinder und ist in Sorge, deshalb kann sie nicht tatenlos zusehen. Und die Kinder sind nicht einfach übermütig und frech, sondern wollen nur ihr eigenes Leben führen.

Ich denke, keiner ist im Irrtum und handelt falsch und dennoch ist es manchmal sehr schwierig, miteinander zu leben. Jeder Mensch betrachtet sein Leben von seinem Standpunkt aus. Der einzige Fehler ist, zu glauben, der eigene Standpunkt sei der einzige, von dem aus man die Welt sehen kann und beurteilen kann, was wahr und richtig ist im Leben.

Kennst du das? Du gehst durch eine Straße an einem Gebäude vorbei. Über diesem Haus siehst du die Sonne, die durch Wolken bedeckt ist, so dass du sie ohne Probleme betrachten kannst. Nun wunderst du dich: Geht die Sonne mit dir mit oder läuft sie sogar vor dir weg?

Oder du fährst am Abend mit Mama und Papa im Auto auf einer langen geraden Landstraße. Wenn du aus dem Fenster schaust, siehst du den Mond. Aber ihr fahrt nicht an ihm vorbei, sondern er fährt mit euch wie ein treuer Begleiter.

Ich weiß, es kann nicht so sein, mein Augenschein trügt. Papa hat versucht, es mir zu erklären. Bei allen Dingen auf der Erde, gegenüber denen wir uns bewegen, sind wir es gewohnt, dass wir uns ihnen nähern, an ihnen vorbeigehen und uns wieder von ihnen entfernen. Durch unsere Bewegung ändern sich die Position und die Richtung zu dem Gegenstand, den wir betrachten.

Sonne und Mond dagegen sind von uns so weit entfernt, dass unsere Erwartung nicht erfüllt wird. Die Strecken, die wir auf der Erde zurücklegen, sind gegenüber den Entfernungen der Himmelskörper so winzig, dass sich die Richtung, in die wir schauen, überhaupt nicht ändert. Wir kommen einfach nicht an Sonne und Mond vorbei, wie wir es von anderen Dingen kennen. Der Blickwinkel bleibt immer der gleiche. Dadurch entsteht der Eindruck, **Sonne und Mond gingen mit uns.**

Dabei ist unsere Entfernung zum Mond vom unendlich großen Weltall her gesehen winzig. Nur 330.000 Kilometer weit ist er von uns weg. Das Licht braucht für diesen Weg nur etwas über eine Sekunde. Die Sonne dagegen ist um die 150 Millionen Kilometer weit weg. Ihr Licht erreicht unsere Erde nach ungefähr acht Minuten.

# Das geheime Wissen der Pinguine

## Kinderfragen als Schlüssel zur Wahrheit der Welt

Nachdem die Pinguine uns den wahren Grund für die runde Erde erklärt haben, hilft Eva Maria Noller – 7 Jahre alt – mit ihrer Frage, ein weiteres Geheimnis aus dem Wissen der Pinguine zu lüften. An einen Mann im Mond glaubt sie bestimmt nicht, ihre Frage lautet nämlich: »Warum gibt es auf dem Mond keine Menschen?«

### Warum gibt es auf dem Mond keine Menschen?

Es wäre leicht zu sagen, es gibt auf dem Mond keine Menschen, weil alle hier auf der Erde wohnen. Aber das ist noch keine Geschichte. Von alters her nämlich sind die Menschen von einer tiefen Sehnsucht nach dem Mond erfüllt. Wer jemals im Leben den Mond sehen durfte, trägt diese Sehnsucht in sich. Einer von denen lebte in Finnland als Fischer an einem See. Wenn der abends vor seiner Hütte auf dem Bootssteg saß und die Netze flickte, sah er oft den Mond aus dem See aufsteigen. Dann unterbrach er seine Arbeit, sah dem Mond zu und staunte. Wenn der Mond hoch oben am Nachthimmel glänzte, nahm der Fischer sich jedes Mal vor, einmal mit dem Boot hinauszufahren zu der Stelle, wo der Mond aus dem See auftauchte. Dann wollte er den Mond besteigen und mit ihm auf Nachtfahrt gehen! Doch so sehr der Fischer auch ruderte – nie erreichte er rechtzeitig jene Stelle im See, aus der der Mond aufstieg!

Ein anderer lebte einmal als Bauer in Afrika. Der hatte erkannt, dass sich der Mond jeden Abend im Fluss badete, bevor er hoch oben am Himmel stand. Da versteckte sich der Bauer eines Abends im Schilf am Ufer des Flusses. Er wartete auf den Mond. Wenn der Mond erst im Fluss erschiene, wollte er sich auf ihn werfen und dann hinauf zu den Sternen reiten.
Tatsächlich erschien mit silbernem Glanz der Mond in den Wellen des Flusses. Der Bauer hielt den Atem an. Als der Mond voll und rund in den Wellen tanzte, sprang der Bauer aus seinem Versteck und warf sich in den Fluss auf den badenden Mond. Doch der war geschmeidig ausgewichen und hinauf an den Himmel gesprungen. Der Bauer hielt nichts in seinen Händen. Ihm blieb nur seine nächtliche Sehnsucht. Die Sehnsucht nach dem Mond. ...
So hat schon mancher versucht, als Mensch auf den Mond zu gelangen. Die einen wollten den Mond im Schmetterlingsnetz einfangen. Die anderen wollten dem Mond auf den höchsten Gipfeln der Welt auflauern. Einige banden Leitern aneinander, um zum Mond hinaufzusteigen. Alles vergeblich, wie wir wissen. Es hat schon Menschen gegeben, die dachten, der Mond hätte sich in den Ästen eines Baumes verfangen. Dann kletterten sie in die Bäume hinein, um endlich den Mond zu betreten. Andere sprangen Trampolin, um bis zum Mond zu kommen. Einer hatte sogar ein kleines Spiegelkästchen. Als sich der Mond darin spiegelte, schloss er das Kästchen und fing ihn ein. Jubelnd rannte er nach Hause. Doch dort war das Spiegelkästchen leer. Der Mond stand da, wo er immer stand: Hoch oben am nächtlichen Himmel.
So könnten wir jetzt sagen: Es gibt auf dem Mond keine Menschen, weil es noch keinem gelungen ist, den Mond tatsächlich zu betreten.
Doch *das* wäre *falsch*:
Zwei Menschen haben im Jahre 1969 wirklich den Mond betreten. Das waren zwei amerikanische Weltraumfahrer. Die Astronauten Neil Armstrong und Edwin Aldrin waren die ersten Menschen, die den Mond besucht haben. Die waren mit einer Rakete hinaufgeflogen. Mit einem Raumschiff haben sie sich von der Rakete getrennt und sind auf dem Mond gelandet. Sie sahen, dass der Mond wüst war und leer. Es gibt dort kein Leben. Es gibt keine Luft. Darum trugen die beiden Astronauten Raumanzüge. In denen ist Atemluft eingebaut. Als sich diese beiden Menschen auf dem Mond umdrehten, um hinunter zur Erde zu schauen, erkannten sie endlich den wahren Grund dafür, warum der Mond unbewohnt ist: Sie sahen die Erde unter sich als

strahlend blaue Kugel. Die war von so einzigartiger Schönheit, dass kein Stern am Himmel ihr gleichkam. Da wussten die beiden Astronauten, dass der Mond nur dazu da ist, dass die Menschen die Erde lieben lernen. Der Mond ist leer und wüst. Er ist nur die Lampe, die diese einmalige Schönheit der Erde nachts mit dem Licht der Sehnsucht beleuchtet. Der Mond ist von Menschen unbewohnt, weil die Erde das Kostbarste ist, das die Schöpfung ihren Geschöpfen, den Menschen, jemals anvertraut hat.
Als die beiden Weltraumfahrer dies für sich erkannt hatten, kehrten sie auf die Erde zurück. Seitdem gibt es auf dem Mond keine Menschen mehr.
Würde aber jeder Mensch, der auf der Erde Sehnsucht hat nach dem Mond, einmal den Mond betreten können, vielleicht wäre die Sehnsucht nach der Erde dann groß genug, dass die Menschen auf Erden endlich erkennen würden, wie großartig das Geschenk der Schöpfung ist, das sie bewohnen dürfen.

*Reinhardt Jung*

»Erdaufgang«, vom Mond aus gesehen

Wir kennen den Aufgang der Sonne und des Mondes auf der Erde. Auf dem Bild auf der vorherigen Seite scheint die Erde über dem Mondhorizont aufzugehen. Das konnten »live« nur die Astronauten sehen, die den Mond umkreisten. Davon waren sie ganz ergriffen. Einer fasste sein Staunen in Worte voller Bilder: »Plötzlich taucht hinter dem Rand des Mondes in langen zeitlupenartigen Momenten von grenzenloser Majestät ein funkelndes blauweißes Juwel auf, eine helle, zarte, himmelblaue Kugel, umkränzt von langsam wirbelnden weißen Schleiern. Allmählich steigt sie wie eine kleine Perle aus einem tiefen Meer empor, unergründlich und geheimnisvoll. Du brauchst eine kleine Weile, um ganz zu begreifen, dass es die Erde ist.«

Stell dir vor, du gehst auf eine Reise, die noch kein Mensch vor dir gemacht hat. Kein Reisebüro der Welt bietet sie an. Es ist **eine unglaubliche Reise mit dem Licht.** Du fährst nämlich so schnell wie das Licht, etwa 300.000 Kilometer in der Sekunde.
Bereits eine Sekunde nach dem Start von der Erde bist du beim Mond. Du siehst in kleine und in riesige Krater, staunst über Gebirge und Täler. Am meisten beeindruckt dich die Grenze zwischen der von der Sonne beleuchteten hellen und der dunklen Mondhälfte, denn hier siehst du fantastische Landschaften aus Kratern, Gebirgen und Rillen. Gerade meinst du, eine Fahne der Astronauten gefunden zu haben, die dort seit Jahrzehnten unverändert steht, da geht es auch schon weiter. In einem plötzlichen Schwenk nach rechts geht es zum Jupiter mit seinen vier Monden, bis zu dem man auch in Lichtgeschwindigkeit mindestens eine gute halbe Stunde reist. Zwei dunkle Bänder ziehen sich über den Planeten, dort tobt ein ewiger Sturm. Zwischen ihnen siehst du einen winzigen schwarzen Punkt. Es ist der Schatten eines Mondes, der auf den Planeten fällt.
Weiter geht es in einem rechten Bogen zum Saturn, den du im günstigsten Fall nach gut einer Stunde erreichst. Schon aus der Ferne bewunderst du seine Ringe mit ihrer großen schwarzen Teilung in der Mitte. Wie ein etwas schmutziger, gelborange leuchtender Ball in zwei Schwimmreifen aus Licht schwebt der Planet ruhig im Weltraum.

Andromedanebel

Nun aber willst du das Sonnensystem verlassen und in neue Welten vorstoßen. Du fliegst weiter südlich und nach fast neun Jahren kommst du zu einem der Nachbarsterne unserer Sonne. Nur wenige Sterne sind der Sonne näher als Sirius, für uns der hellste Stern am Firmament, in Wirklichkeit zwanzigmal heller als die Sonne, aber viel weiter weg von uns. Du nimmst Kurs hin zu den Plejaden, die du von der Erde aus als einen hellen Klumpen mit sieben Sternen sehen kannst. Jetzt siehst du mehr als dreißig Sterne, die schön verteilt am Himmel funkeln. Bei ihnen angekommen, bist du schon ungefähr 400 Lichtjahre unterwegs. Jetzt geht es hoch am Himmel weiter zu drei Sternhaufen im Sternbild Fuhrmann, die man mit einem kleinen Fernglas nur als kleine neblige Flecken sehen kann. Du aber zählst zwanzig bis dreißig Sterne und merkst, es sind noch viel mehr. Diese Sternhaufen sind erst nach 4000 Lichtjahren zu erreichen.

Du weißt, der gesamte Weg einmal quer durch unsere Milchstraße dauert ungefähr 100.000 Jahre, doch du willst noch mehr: nämlich heraus aus unserer Galaxie. Weit mehr als zwei Millionen Lichtjahre brauchst du bis zum Andromedanebel, unserer Nachbargalaxie, die unserer ganz ähnlich ist. Ob es dort auch so einen Planeten wie die Erde gibt, mit Lebewesen wie uns? Nach einem Schwenk in Richtung des großen Wagens willst du zuletzt noch die Galaxien M81 und M82 besuchen. Du siehst sie als nebligen kleinen Punkt und eine Art Nebelzigarre und bist ungefähr zehn Millionen Lichtjahre unterwegs zu ihnen.
Du meinst, jetzt spinne ich? Diese Reise könnte keiner unternehmen, nicht einmal in der Fantasie? Von wegen, gestern noch war ich selbst überall dort! Es war eine kalte klare Sternennacht und anscheinend war ich schneller als das Licht, denn ich brauchte nur drei Stunden für die ganze Reise. Papa hat mich mitgenommen, zuerst mit dem Auto in die dunkle Eifellandschaft. Dann haben wir das Fernglas und das Teleskop aufgebaut und sind losgeflogen. Es war eine Augenreise am Himmel, und ehrlich gesagt ist mir so eine Tour lieber, denn danach kann ich noch in derselben Nacht zu Hause in mein warmes Bett kriechen.

Auf Seite 99 siehst du ein Foto vom Andromedanebel, unserer Nachbargalaxie: Mit bloßen Augen ist sie in einer dunklen Nacht nur als nebliger Fleck zu erkennen. Eigentlich ist die Fläche am Himmel, über die der Andromedanebel sich erstreckt, fünfmal so groß wie der Mond. Wir sehen aber meistens nur das helle Zentrum aus unendlich vielen Sternen. Der Andromedanebel ist unvorstellbar weit weg. Das Licht, das wir heute sehen, wurde vor über zwei Millionen Jahren ausgestrahlt. Damals gab es auf der Erde noch keine Menschen.
Die Zahl der entdeckten Galaxien im Universum wächst ständig. Die Wissenschaftler rechnen bereits mit ungefähr 100 bis 200 Milliarden Galaxien. Bereits mit bloßem Auge sehen wir am Himmel so unzählig viele Sterne wie Sandkörner am Strand. Darüber staunten die Menschen schon immer. Heute wissen wir: In jedem Stück am Himmel, das so groß ist wie ein Sandkorn auf die Entfernung einer Armlänge, sind ungefähr 2000 Galaxien zu finden, die aus jeweils über 100 Milliarden Sternen bestehen.

# Total normal?

## Experimente zum Staunen

### Auf die Sterne heruntersehen

Wenn wir die Sterne sehen wollen, schauen wir nach oben. Denn wir stehen unten auf der Erde und der Himmel ist über uns. Das denken wir und so erleben wir es, aber eigentlich ist es anders: Die Erde schwebt wie ein Ball im All, und im Weltraum gibt es kein Oben und Unten. Genau darum geht es im folgenden Experiment, das du vielleicht am besten nicht allein, sondern zusammen mit noch jemand durchführst (dann ist es nicht so unheimlich).

Du brauchst dazu eine warme und wolkenfreie Nacht im Sommer. Ideal ist es, wenn der Himmel dunkel ist, ohne Stadtlicht, Straßenlampen und ohne Mondlicht. Du brauchst einen trockenen Platz zum Hinlegen, am besten eine Decke oder eine Liege im Garten und ungefähr eine halbe Stunde Zeit. Ein Fernglas kann dir helfen, die unendliche Zahl der Sterne zu erahnen (es geht aber auch ohne).
Du liegst still auf dem Rücken und genießt den Sternenteppich über dir. Du bist ganz Auge und staunst über die funkelnden Punkte am Himmelszelt. Du fühlst dich ganz klein im Angesicht dieser Unendlichkeit: unzählige Sterne – unbegreifbare Räume. Doch du spürst auch deine Größe, deine Besonderheit, deine Einzigartigkeit in diesem Universum.
Nun achte auf dein eigenes Gewicht, auf deine Verbindung mit dem Boden, auf die Anziehungskraft der Erde. Sie hält dich fest und trägt dich sicher. Deshalb kann jetzt das eigentliche Experiment beginnen: Bleibe regungslos liegen und versuche in Gedanken, den Himmel über dir und das ganze Universum zu drehen. Nicht du bist unter den Sternen, sondern die Sterne sind unter dir. Du hängst – sicher gehalten von

der Anziehung der Erde – über den Sternen. Wenn es nicht sofort klappt, lass dir Zeit und lass es einfach geschehen. Denk an ein Bild unseres blauen Planeten im Weltall und stell dir vor, du bist auf dem unteren Teil der Erdkugel. Irgendwann wird in deinem Kopf der Weltraum kippen und du fliegst über ein Meer von Sternen. Es ist ein wunderbarer Flug und du selbst bestimmst, wie lange er dauert.
Wenn du genug gesehen hast, kommst du zurück auf die Welt, drehst das Universum und deine Erde wieder richtig herum. Langsam setzt du dich aufrecht hin, stehst auf und gehst leise und aufmerksam ins Haus. Vielleicht siehst du die Erde unter dir und den Himmel über dir nun mit anderen Augen.

**In dir**

Über dir
Sonne Mond und Sterne

Hinter ihnen
unendliche Welten

Hinter dem Himmel
unendliche Himmel

Über dir
was deine Augen sehen

In dir
alles Sichtbare
und
das unendlich Unsichtbare

*Rose Ausländer*

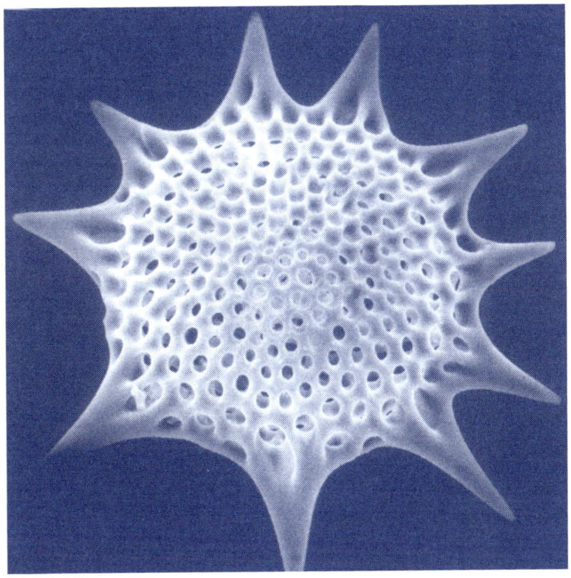

Strahlentierchen im Elektronenmikroskop

Heute bin ich auf eine zweite Reise in die Welt des Unsichtbaren gegangen. Wieder ging es an Orte, wo unsere zwei Augen ohne zusätzliche technische Hilfe nicht mehr sehen und erkennen könnten. Das Ziel war aber nicht die Welt des unvorstellbar Fernen. Es war eine **Reise in die Welt des unendlich Kleinen.** Ich habe diesmal nicht in die Weite des Alls geschaut, sondern die ganze Welt in einem Sandkorn gesehen und in noch Kleinerem. Unser Raumschiff war kein Teleskop, sondern ein Mikroskop, genauer gesagt ein Elektronenmikroskop, das die Welt des Winzigen viele tausend Mal vergrößern kann.

Leider fand diese Augenreise nur mit Bildern aus einem Buch mit dem Namen »Unsichtbare Welten« statt, doch beeindruckend war sie trotzdem. Ich sah winzige Strahlentierchen, die wie Sterne aus einem dunklen Universum leuchteten, in Wirklichkeit aber dem Auge verborgen im Meerwasser schweben. Ich entdeckte die Fußspitzen eines Glühwürmchens und schaute in die Facettenaugen einer Libelle mit einem Staubkorn darin. Ich staunte über Landschaften von Salzkristallen auf der Haut einer Qualle, über Schluchten auf der Haut von Insekten, über Wälder aus den Wimpern einer Biene und über feine Stickereien auf der Haut einer afrikanischen Wanze. Warum

ist all das Unsichtbare so unfassbar schön, wenn es doch keiner sehen kann? Ist es einfach nur für sich schön?

Das winzige Strahlentierchen auf Seite 103 besteht aus nur einer Zelle und schwebt im Meer wie ein Stern im Weltall. Ein Liter Meereswasser enthält mehr als zehntausend solcher Einzeller in den unterschiedlichsten Formen. Obwohl sie unglaublich winzig sind – ein Sandkorn ist dagegen riesig –, sind sie kompliziert aufgebaut, durchdacht und gleichmäßig geformt. Wer denkt sich eine solche Vielfalt sogar in der Welt des Unsichtbaren aus?

Wenn ich sehe, was eigentlich für unsere Augen unsichtbar ist, meine ich, Gott ein kleines Stück näherzukommen. Zumindest sehe ich Gottes Schöpfung und Welt im ganz Großen und im ganz Kleinen mit neuen Augen. Am Anfang, da war alles noch wüst und leer. Doch heute zeigen uns das unendlich Ferne und das unendlich Kleine, dass aus dem Chaos am Anfang etwas wunderbar Schönes geworden ist. Das ist ein großes Geheimnis unseres Lebens.

Schon lange habe ich **für meine Zimmertür** nach Bildern gesucht. Seit heute sind sie endlich vollständig. Ich habe sie vom Rahmen oben bis zum Boden unten an die Tür geklebt.

Ganz oben hängt ein Bild der Milchstraße, wie sie von oben betrachtet aussieht: eine Spirale aus unzähligen Lichtpunkten. Am Rande eines Spiralarmes befindet sich unser Sonnensystem.

Darunter ist ein Bild von unserem blauen Planeten zu sehen. Die Erde schwebt mit dem Mond im Hintergrund im dunklen All, Jahr für Jahr unsichtbar durch die Weite des Weltraums um die Sonne herumgeführt.

Dann folgt eine Weltkarte mit den Ozeanen, Kontinenten und allen Ländern der Erde. Das ist der Heimatplanet für alle Pflanzen, Tiere und Menschen. Hier sind wir alle versammelt.

Unter diesem Bild kommt eine Straßenkarte von Deutschland, der Schweiz und Österreich mit den wichtigsten Städten: ein Netz von Wegen für unsere Reisen mit dem Auto oder dem Zug.

Als Nächstes ist ein Plan von meiner Stadt zu sehen. Im Alltag gehe oder fahre ich mit Fahrrad und Bus auf diesen Straßen zu meinen Freundinnen und Freunden und zur Schule.

Am meisten mag ich das folgende Bild: Eine Luftaufnahme meines Wohngebietes, die auch unsere Straße, unser Haus und unseren Garten zeigt. Das ist die kleine Welt meiner Kindheit, in der ich mich zu Fuß bewegen lernte, zur Grundschule, zur Kirche, zum Sportplatz, zu meinen ersten Freunden.

Beim letzten Bild sind wir endgültig auf der Erde angekommen (und auch auf dem Boden meines Zimmers): Auf dem Foto sind Mama und Papa, mein Bruder und ich lachend vor unserer Haustür zu sehen.

Das ist meine Bildersammlung am Eingang zu meinem Zimmer. Es ist nun eine Tür zum Universum und eine Tür zu mir. Womit begrüßt du deine Gäste?

## Platz da, jetzt kommst du!

### Die dritte leere Seite

# Viertes Heft

in dem es immer wieder um große Fragen und ums Fragen geht. Erzählt wird von einer abenteuerlichen Suche dreier Hühner, von unerwartet friedlichen Feldherren, fliegenden Luftballons, fallenden Suppenschüsseln und vielem anderen. Nele hat die Idee von einem Menschheitstagebuch und einer Rede an die Menschheit, sie zeigt uns eine merkwürdige Globuskugel und versucht herauszufinden, was Glück denn wohl sein mag.

# Einfach tierisch

## Fragen nach Woher und Wohin, nach Warum und nach Sinn

Nach dem trägen Kamel, dem machtlosen Elefanten und dem eifrigen Holzwurm, nach Mutter Henne und ihren Entenkindern lernst du nun drei weitere Hühner kennen, die nach ihrem Anfang fragen und sich nicht mit den Antworten der alten Hühner zufrieden geben.

### Was war zuerst da?

Was war zuerst da, das Ei oder die Henne? Am meisten sollte die Frage natürlich die Hühner beschäftigen. »Nur leider ist sie nicht zu klären«, sagte seufzend die dicke braune Henne und setzte sich gemütlich auf ihr Nest.
»Ich könnte auch wirklich nicht sagen, wozu das gut sein sollte«, sagte der stolze Hahn.
»Man muss ja schließlich nicht alles wissen wollen«, sagte das weise alte Huhn und guckte, ob ihm auch alle zugehört hatten.
»Das wollen wir doch erst mal sehen«, sagte die freche kleine Henne. »Aber wer sich nicht von der Stelle bewegt, kann natürlich auch nichts rauskriegen«, und sie packte ihren Koffer.
»Ach Gott, ach Gott!«, flüsterte die dicke braune Henne. »Das Kind war schon immer so eigensinnig.«
»Lass sie doch ausziehen in die Welt«, sagte das weise alte Huhn. »Sie wird schon sehen, was sie davon hat.«
Das fanden die anderen Hennen alle auch, und sie machten es sich gemütlich auf ihren Nestern hinter dem Zaun, vergaßen die freche kleine Henne und flatterten nur aufgeregt auf, wenn der Bauer mit dem Körnereimer kam.

Währenddessen war die kleine Henne auf dem Weg in die Welt an die Stelle gekommen, wo der Weg sich gabelt und wo der Jasmin im Sommer duftet und die Vögel zwitschern. Und weil nicht nur die Sonne schien, sondern es natürlich auch gerade geregnet hatte, beschloss sie sich für die Reise zu stärken und erst einmal nach ein paar Würmern zu picken.
Sie stellte den Koffer am Wegrand ab und begann zu scharren und die ganze Zeit schien ihr die Sonne aufs Gefieder und der Jasmin duftete wie toll und die Vögel zwitscherten in den Zweigen und die Welt war groß und aufregend – aber bestimmt nicht zu groß und zu aufregend für eine kleine Henne, die in einer wichtigen Sache unterwegs war.
Als sie gerade ungefähr den zehnten Wurm verspeist hatte und überlegte, ob sie sich noch um einen elften bemühen sollte, fiel plötzlich ein Schatten auf den Weg.
»Guten Tag«, sagte der höfliche kleine Hahn. »Nun bin ich aber überrascht. Wer bist denn du, und wo kommst du her?«
Da beschloss die kleine Henne, dass zehn Würmer genug wären und dass zu einem glücklichen Tag nicht nur ein gutes Essen, sondern auch ein angenehmer Plausch gehört, und sie schüttelte ihr Gefieder und gab Auskunft.
»Ich bin eine kleine Henne in wichtiger Mission«, sagte sie. »Und vielleicht kannst du mir sogar helfen. Wer war zuerst da, das Ei oder die Henne?«
Der höfliche kleine Hahn kratzte sich elegant am Hals, dann schien die Antwort klar. »Der Hahn«, sagte er. »Das erscheint mir eindeutig. Und das ist übrigens auch der Grund, warum ihr bisher nie eine Antwort gefunden habt. Ihr habt die Frage falsch gestellt.«
Da merkte die kleine Henne, wie sie ärgerlich wurde. »Ach, Unfug, du bist ja dümmer als mein Hühnerhof!«, sagte sie böse. »Hähne haben damit doch nun wirklich nichts zu tun!«
Und anstatt sich für einen der beiden Wege zu entscheiden, die vor ihr lagen, zog sich die kleine Henne ins Gebüsch am Straßenrand zurück und wackelte sich mit ihrem schönen großen Po eine gemütliche Mulde in den Sand. »Was man nicht durch Nachdenken herauskriegen kann, das muss man probieren«, sagte sie zufrieden, und während über ihr weiterhin die Sonne schien und der Jasmin duftete und die Vögel tirilierten, legte die kleine Henne ein Ei.
»Damit scheint der Fall geklärt«, sagte sie fröhlich. »Zuerst war die Henne,

denn ich habe das Ei gelegt. Nun wollen wir es nur noch ausbrüten.« Und weil das eine Angelegenheit ist, die einige Zeit in Anspruch nimmt, war sie dem höflichen kleinen Hahn auch ganz dankbar, als er ihr den Koffer zum Gebüsch trug und ihr ab und zu ein paar Würmer brachte.

Aber nach ein paar Tagen wurde sie allmählich unruhig. »Es scheint, als würde nichts daraus«, sagte die kleine Henne unglücklich, als die Dämmerung sich über die Wiesen und den Weg und das Gebüsch senkte. »Aus diesem Ei schlüpft jedenfalls niemals ein Küken«, und sie ließ ihren Kopf traurig auf die Brust sinken und versuchte, nicht zu weinen. »Die dicke braune Henne hatte Recht, die Frage ist nicht zu klären. Zwar weiß ich jetzt, dass erst die Henne war und dann das Ei, aber wenn aus dem Ei kein Küken mehr schlüpft? Und auch das weise alte Huhn hatte natürlich Recht«, sagte die kleine Henne tapfer. »Man muss ja schließlich nicht alles wissen wollen.«

Und weil ihre Stimme so klein und so enttäuscht klang und weil sie ihren Kopf zur Seite drehte, damit der kleine Hahn nicht ihre Tränen sehen sollte, fasste er sich ein Herz und legte ihr den Flügel um die Schulter.

»Ich finde, du gibst viel zu schnell auf«, sagte er vorsichtig. »Vielleicht könnten wir es ja noch mal zusammen versuchen«, und weil die kleine Henne sich immer noch nicht zu ihm umdrehte, ließ er sie los und holte ihr ein Taschentuch aus dem Koffer.

Da schnäuzte sie sich ordentlich. »Okay«, sagte die kleine Henne und drehte sich zum höflichen kleinen Hahn zurück und rückte ein kleines bisschen dichter zu ihm hin. Und der kleine Hahn rutschte ein bisschen dichter zu ihr, und während der Mond langsam über den dunklen Sommerhimmel wanderte, hatten die beiden eine wirklich schöne Nacht.

Am nächsten Morgen legte die kleine Henne wieder ein Ei und der Hahn brachte ihr Würmer und Fliegen und nachts wärmte er sie mit seinem Gefieder und ab und zu gab er ihr einen kleinen liebevollen Kuss. Und als das Küken schließlich von innen gegen die Schale pickte, waren sie beide kein bisschen erstaunt.

»Na bitte, du hattest Recht«, sagte die kleine Henne liebevoll. »Mit dir hat es geklappt. Zuerst war also wohl der Hahn.«

»Ach, Unfug, das weißt du genau«, sagte der höfliche kleine Hahn und sah aufgeregt zu, wie die Risse in der Schale länger wurden, »du hast doch schließlich das Ei gelegt! Am Anfang war die Henne.«

In diesem Moment steckte das Küken seinen kleinen Kopf aus dem Ei, um zum ersten Mal zu gucken, wie es auf der Welt so aussah. Da wusste die kleine Henne vor Glück gar nicht mehr, was sie tun sollte.

»Ach, Unsinn, wir haben beide Recht!«, sagte sie und guckte staunend zu, wie das Küken sich auf seine wackligen Beine erhob. »Am Anfang waren Henne und Hahn! Dass wir nie darüber nachgedacht haben!« Und dann begrüßten sie beide ihr Küken im Leben, und für einige Zeit interessierten weltbewegende Fragen sie nicht mehr so sehr.

Im Hühnerhof fiel währenddessen der dicken braunen Henne plötzlich die freche kleine Henne wieder ein. »Hat eigentlich noch mal jemand irgendwas von der frechen kleinen Henne gehört?«, fragte sie, als sie wie jeden Abend alle zusammen auf ihrer Stange saßen.

»Tja ...«, sagte das weise alte Huhn bedeutungsschwer und guckte, ob ihm auch alle zugehört hatten.

»Du hast doch wie immer Recht gehabt«, sagte der stolze Hahn zufrieden, »verschollen irgendwo auf der Welt. Sie hätte bei uns bleiben sollen.« Und mit einem wirklich guten Gefühl schliefen sie ein.

Währenddessen wuchs an der Weggabelung das Küken heran und lernte, wie man in der Erde nach Würmern pickt und wie man Mücken fängt und wie man zur Abkühlung ein köstliches Sandbad nimmt. Und allmählich kam es in das Alter, wo die Küken zu fragen beginnen.

»Wie habt ihr euch denn kennen gelernt, du und Papa?«, fragte das Küken, als sie eines Abends alle drei gemütlich im Gebüsch am Wegrand saßen und die Dämmerung den Wald in der Ferne blau färbte – denn das war die Zeit zum Reden.

Da erzählte die kleine Henne ihre Geschichte, und ab und zu unterbrach sie der kleine höfliche Hahn. »Und so haben wir gemeinsam die Antwort auf

die Frage gefunden: Was war zuerst?«, sagte der kleine Hahn und wartete, dass das Küken ihn wie immer bewundernd angucken sollte.
»Und sie lautet: Hahn und Henne!«, sagte die kleine Henne glücklich und schmiegte sich wohlig an das warme Gefieder des Hahns. »Verstehst du nicht, Kind: Die Frage war von Anfang an falsch gestellt!« Und jetzt wartete auch sie darauf, dass sich über das Gesicht ihres Kindes ein Strahlen aus Verblüffung und Bewunderung legen sollte. Aber das Strahlen blieb diesmal aus.
»Wieso soll das eine Antwort sein?«, sagte das Küken unfreundlich und in einem Ton, den sie bisher nicht von ihm kannten. »Hahn und Henne, was ist denn das für eine Antwort? Ich bin aus einem Ei geschlüpft, ich kann mich noch ganz genau erinnern! Und woraus seid denn ihr früher geschlüpft? Was war denn wohl vor euch?«
Die kleine Henne guckte erschrocken zum Hahn und der Hahn erwiderte ihren Blick. »Das Ei!«, sagten beide erstaunt. »Vor Hahn und Henne war das Ei«, und sie seufzten ein wenig und rückten noch ein kleines Stück dichter zueinander hin. »Wir haben die Antwort überhaupt nicht gefunden, Hahn«, sagte die Henne.
»Es scheint, sie ist tatsächlich nicht zu finden, Henne«, sagte der Hahn und zum ersten Mal sah er regelrecht alt aus. »Die Hühner in deinem Hühnerhof hatten Recht. Und man muss ja schließlich nicht alles wissen wollen«, und er legte ihr wie jede Nacht den Flügel um die Schulter, damit sie aneinandergeschmiegt einschlafen konnten. Denn, wer weiß, wenn eine Frage nicht zu beantworten ist, braucht man sich gar nicht zu bemühen; es lohnt noch nicht einmal, traurig zu sein.
Aber das kleine Küken guckte sie böse an. »Na, das wollen wir doch erstmal sehen!«, sagte es energisch. »Aber wenn man natürlich immer nur auf einem Fleck hockt, kann man es ja auch nicht rauskriegen«, und es packte seinen Koffer – und das war immerhin derselbe, mit dem schon seine Mutter losgezogen war.
»Kommt ihr nun mit oder nicht? Ich geh jetzt los und finde die Antwort«, und es schleppte den Koffer zum Weg. Das wäre zu dritt natürlich leichter gewesen.
»Was meinst du, Henne?«, fragte unschlüssig der Hahn.
Der Mond stand schon ziemlich hoch, und eigentlich war es reichlich spät,

um aufzubrechen. »Ob es sich lohnt?«, fragte skeptisch die Henne. »Und wenn es nun gar keine Antwort gibt?«

Am Wegrand stand das Küken mit dem Koffer, tappte ungeduldig mit dem Fuß. Lange würde es jedenfalls nicht auf sie warten. Die Nacht war lau und auf den Feldern leuchtete das reife Getreide weiß im Mondlicht.

»Kommt ihr nun mit oder nicht?«, fragte das Küken.

Auf dem Hühnerhof, übrigens, schliefen währenddessen im Stall die Hühner friedlich auf ihrer Stange. Die dicke braune Henne, das weise alte Huhn und der stolze Hahn und all die anderen Hühner auch.

*Kirsten Boie*

Oft bin ich **tief versunken in Fragen.** Wie entstand das Leben? Was ist der Sinn des Lebens? Was ist mit uns, wenn wir tot sind? Gibt es Gott wirklich? Mama meint, ich bin eine Grüblerin. Meistens ist mir klar: Das Leben steckt voller Sinn. Und dennoch muss es mehr geben als das Leben auf dieser Erde. Wie könnten wir ohne Gott sein? Manchmal aber, wenn ich krank bin oder ohne Mut und völlig lustlos, kommt mir das ganze Leben so sinnlos vor. Was wäre, wenn es keine Antworten auf meine Fragen gäbe? Was wäre, wenn es Gott nicht gäbe? Ich habe Papa gefragt. Er meinte, damit man im Leben Sinn erfahren kann, muss es wohl auch Zeiten geben, in denen alles unsinnig oder sinnlos erscheint. Und wenn es keinen Gott gäbe, dann müsste man ihn unbedingt erfinden. Wir wären ganz schön einsam, der Mensch in seiner Welt, die Menschheit im Universum. Durch Gott wirst du zu einem Ich und einem Du, bekommst du ein Gegenüber. Durch Gott begegnet der eine dem anderen ganz anders, denn er weiß, er lebt nicht aus sich heraus. Der Mensch ist geschaffen.

Ob Papa mich überzeugt hat? Ich weiß es noch nicht. Ich werde darüber nachdenken.

### Unsinn und Sinn

Du suchst und suchst. Und kannst den Sinn nicht finden.
Gib's auf; denn so wirst du ihn nicht ergründen.
Pfeif dir ein Liedchen, träume vor dich hin,
wie oft enthüllt im Un-Sinn sich der Sinn!

*Mascha Kaléko*

## Das Tagebuch der ganzen Menschheit

Stell dir vor, es gäbe einen Katalog, der die ganze Welt umfasst. Es ist ein gewaltiges Buch. Nein, was sage ich, unzählige Buchbände, eine ganze Bibliothek mit Büchern, an denen die ganze Menschheit schreibt. Alle vier Jahre erscheint der Katalog neu. Alle Menschen auf der Erde, die älter als sieben Jahre sind, sollen dafür jedes Mal einen eigenen Beitrag in einer Länge von sieben bis zwölf Zeilen schreiben. Alle, Mädchen und Jungen, Frauen und Männer müssen also darüber nachdenken, was sie der Welt erzählen möchten, was sie den anderen Menschen unbedingt sagen wollen. Gut überlegt sollte es sein, denn der Katalog wird mit großer Aufmerksamkeit gelesen und für die Zukunft aufbewahrt. Was die Menschen in den Katalog schreiben, ist so etwas wie ein Tagebuch der ganzen Menschheit.
Du fragst vielleicht, wofür der Katalog da ist? Das Schreiben ist für die Menschen eine Chance, sich zu fragen, wie sie das Leben auf der Erde finden. Die Menschen sollen sozusagen den Löffel aus dem Mund nehmen, einen Moment innehalten und überlegen, warum sie überhaupt essen. Sie sollen einen Moment die Luft anhalten und darüber nachdenken, wofür sie überhaupt atmen. Sie sollen ihre Arbeit unterbrechen und sich fragen, was sie da überhaupt tun und wozu. Sie sollen aufwachen aus dem Schlaf eines gedankenlosen Lebens.

Nun, was schreibst *du* in den Katalog hinein?

## Katalog der Welt

### Mein Beitrag zum Tagebuch der Menschheit

Wie oft wird in den Nachrichten berichtet: Wieder hat ein Krieg angefangen. Es ist zum Verzweifeln. Wir leben in einer Welt voller Feindschaft. Da werden Kriege begonnen und damit begründet, dass es sonst Krieg gibt.

Papa hat mir ein altes Märchen erzählt, das ihn schon als Junge beeindruckt hat. Es zeigt ganz einfach, dass es eigentlich niemals Krieg geben darf.

## Warum es keinen Krieg geben kann

Zwei Völker hatten über Jahrhunderte als Nachbarn friedlich nebeneinander gelebt. Nun aber hatten sich ihre beiden Könige unversöhnlich zerstritten. Ein Krieg war unvermeidlich. So schickten die feindlichen Feldherren Kundschafter aus, um zu erkunden, wo man am leichtesten in das Land der Nachbarn einfallen könnte. Nach einiger Zeit kehrten die Kundschafter zurück und berichteten ungefähr mit den gleichen Worten ihren Vorgesetzten: »Es gibt an der Grenze nur eine einzige Stelle, um in das andere Land einzubrechen. Genau dort aber«, sagten sie, »wohnt ein braver kleiner Bauer mit seiner anmutigen Frau in einem kleinen Haus. Sie haben einander lieb und sie haben ein Kind. Es heißt, sie seien die glücklichsten Menschen auf der Welt. Würden wir nun über dieses kleine Grundstück in Feindesland einmarschieren, dann würden wir dieses Glück zerstören. Also kann es keinen Krieg geben.« Das sahen die Feldherren wohl oder übel ein, und der Krieg konnte nicht stattfinden, wie jeder Mensch begreifen wird.

*Nach einem chinesischen Märchen*

Stell dir vor, ein Kind wird ausgesucht und darf eine **Rede an die Menschheit** halten. Es kann den Menschen sagen, was gut und was schlecht ist und was sich ändern soll auf der Erde. Die Rede wird weltweit verbreitet über Zeitung und Radio, Fernsehen und Internet. Das Kind kann sagen, was es selbst für richtig hält. Nur der Anfang der Rede steht schon fest: *Hört mir zu, ihr Menschen!*
Das Aufregende ist: Du bist dieses Kind, du bekommst diese einmalige Chance! Was sagst du?

Meine Rede an die Menschheit

**Hört mir zu, ihr Menschen!**

## Sieben Fragen

Der Dichter Hans Kasper stellt Fragen und antwortet (anders als Pablo Neruda) auch selbst darauf. Sei aber zuerst wieder selbst ein Dichter und finde deine eigenen Antworten! Hans Kaspers Antworten findest du auf Seite 124.

Was ist Glück?

Was ist Weisheit?

Was ist Dummheit?

Was ist Wahrheit?

Was ist Zeit?

Was ist Kunst?

Was ist Gnade?

# Die vorgezeigten Dinge

## Was Sachen mir sagen – mit Dingen was denken

### Das Globusspiel – eine Glücksspirale

Das ist mein Globusspiel, wieder ein vorgezeigtes Ding. Neun Kreise umrunden eine leere Mitte wie die Planeten unseren Stern. Gespielt wird mit einer merkwürdigen Kugel aus Holz. Jeder, dem ich sie bisher in die Hand gedrückt habe, fand sehr schnell heraus, was er zu tun hatte: Wie bei meinem Labyrinth muss man versuchen, die Kugel in die Mitte des Spielfelds zu bringen, doch das ist gar nicht so einfach. Aber der Weg ist nicht vorgegeben: Die Holzkugel sucht sich ihren Weg selbst und ist dabei sehr eigenwillig. Denn sie ist ja keine richtige Ku-

gel. Sie hat eine Delle, eine kräftige Einbuchtung, als hätte sich jemand einen Teil für eine kleinere Kugel herausgeschnitzt.

Diese Delle macht die Kugel unberechenbar. Viele wollen die Kugel zunächst direkt in die Mitte rollen – und scheitern kläglich, denn die Kugel dreht zu einer Seite ab. Der gerade Weg führt nicht zum Ziel. Irgendwann entdeckt jeder durch Ausprobieren oder Überlegen, dass die Kugel nicht geradeaus, sondern linksherum läuft, wenn die Delle nach rechts außen zeigt. Denn das Gewicht zieht die Kugel dann nach links. Der Weg der Kugel ist eine Spirale – sie rollt in Kreisen, die immer kleiner werden.

Wer das begriffen hat, lässt die Kugel an den Außenbahnen des Spielfeldes entlangrollen, von wo sie sich der Mitte Stück für Stück nähert. Das klappt aber nur, wenn die Kugel nach dem Wurf nicht mit der Kante auf den Boden fällt, wenn die Richtung des Wurfes stimmt und wenn die Kugel nicht zu viel und nicht zu wenig Schwung bekommen hat.

Papa hat mir erzählt, dass das Spiel vor ungefähr 400 Jahren von einem Mann mit dem Namen Nikolaus von Kues erfunden wurde. Ich wunderte mich, warum er seinem Globus eine so komische Form gegeben hat: Wusste er denn noch nicht, dass die Erde ziemlich rund ist? Doch, meinte Papa, aber er war sozusagen kein Erdkundelehrer, sondern ein Religionslehrer. Er war ein Theologe, jemand, der über Gott und die Welt nachdenkt. Ach so, murmelte ich, ohne nun wirklich mehr zu verstehen.

Aber an Papas Bemerkung muss ich immer denken, wenn ich wieder einmal versuche, die Kugel in die Mitte zu rollen. Der Globus hat eine Delle – so wie wir Menschen auch nicht perfekt sind und unsere Macken haben. Wenn die Kugel rund wäre, hätte ich es viel schwerer, sie ins Ziel zu werfen. Wenn ich ihre Delle berücksichtige und weiß, wie ich sie werfen muss, komme ich manchmal dem Ziel sehr nahe und ganz selten bin ich sogar mittendrin. So ist es doch bei uns Menschen auch: Wenn wir meinen, wir sind vollkommen, überschätzen wir uns und schießen über das Ziel hinaus. Wenn wir zu unseren Macken und Grenzen stehen und damit umgehen können, uns so annehmen, wie wir sind, kommen wir immer mehr zur Mitte. Dann bin ich wirklich ich.

Das Globus-Spiel kann uns noch mehr verraten. Stell dir vor, die Mitte ist das Glück im Leben. Was zeigt uns das Spiel mit der Kugel über das Glück? Ist es nur Glück und Geschenk, die Mitte zu erreichen, oder geht das nur mit Übung und Erfahrung? Was meinst du?

## Zwei Luftballons, zwei Kinder, eine Welt und ein Augenblick

Da spielen zur gleichen Zeit zwei Kinder,
eins in unserem Land in einem Garten,
eins genau auf der anderen Seite der Erde auf einer Wiese.
Beide Kinder bekamen von Mama und Papa einen
Luftballon geschenkt.

Das Kind im Garten verliert die Leine,
der Luftballon steigt hoch und verschwindet in
die Wolken.
Das Kind weint ohne Ende und schreit verzweifelt:
»Mama, mein Luftballon ist weg, Papa, mein Luftballon
ist weg!«

Das Kind auf der Wiese lässt im selben Moment im Spiel
die Schnur los,
auch dieser Luftballon steigt empor zum Himmel.
Das Kind klatscht vor Freude in die Hände und ruft erstaunt:
»Wie schön er zu den Wolken schwebt. Er fliegt hin
zur Sonne.«

*Zur selben Zeit auf derselben Erde zwei Kinder und zwei Luftballons!*
*Wie wird ihr Leben weitergehen? Was machen sie daraus?*
*Wer wird sein Glück finden? Wie gehen sie mit Unglück um?*
*Siehst du dich selbst in ihnen? Wer könntest du eher sein?*

*Wie die Geschichte weitergehen könnte:*

Was die Kinder nicht wissen konnten:
Ihre Eltern hatten auf die Ballons Name und Anschrift geschrieben.
Der Wind trägt sie halb um die Welt – bis zur anderen Seite der Erde.
Dort sinken sie zu Boden und liegen einige Jahre achtlos herum.

Doch dann finden die beiden Kinder zur gleichen Zeit die Überreste der Luftballons und entziffern mühsam den Namen und die Anschrift des anderen Kindes. Beide Kinder erinnern sich an die eigene Geschichte mit dem Luftballon.
Sie schreiben einander und werden gute Brieffreunde.

**Der erste Brief des Garten-Kindes:**

## Der erste Brief des Wiesen-Kindes:

Wie könnte die Brieffreundschaft weitergehen?

### Eine glückliche Familie

Die Oma sagt, nachdem ihr die Suppenschüssel aus den Händen gefallen ist: »Ist ja noch ein Glück, dass keine Suppe drin war!«
Der Vater sagt, nachdem er mit dem Auto in den Straßengraben gefahren ist: »Ist ja noch ein Glück, dass sich der Wagen nicht überschlagen hat!«
Die Mutter sagt, nachdem man ihr die Geldbörse gestohlen hat: »Ist ja noch ein Glück, dass die Scheckkarte nicht drin war!«
Der Opa sagt, nachdem er gestürzt ist und sich die Knie blutig geschlagen hat: »Ist ja noch ein Glück, dass ich mir nichts gebrochen habe!«
Das Kind sagt, nachdem es das alles gehört hat: »Ist ja noch ein Glück, dass das Unglück allen in der Familie Glück bringt!«

*Christine Nöstlinger*

Hier sind nun die **Antworten von Hans Kasper** auf die von ihm gestellten Fragen (Seite 118). Wenn du die Antworten seinen Fragen richtig zuordnest, ergeben die Buchstaben rechts in der entsprechenden Reihenfolge das lateinische Wort für das Glück, das von außen auf dich zukommt (du kennst das Wort vielleicht aus dem Namen von Sportvereinen). Ganz einfach ist es nicht – also viel Glück beim Rätseln!

| | |
|---|---|
| Sein Pferd auf sich reiten lassen. | r |
| Male Wind. | n |
| Frag den, auf dessen Nacken das Richtschwert herniedersaust. | u |
| Reichtum des Armen, Armut des Reichen. | t |
| Was nicht? | a |
| Der Kopf verneigt sich vor dem Herzen. | o |
| Dass du fragst. | f |

Alles klar? – So ein »Glück von außen« nennen wir auch Schicksal. Aber mit Schicksal kann auch etwas Schreckliches im Leben gemeint sein, das einen hart trifft. Der Mensch hat Glück oder eben Pech, mal so und mal anders. Ich finde, wichtiger als das **Glück-Haben** ist das **Glücklich-Sein**. Wer glücklich lebt, verträgt ein Unglück besser, der sieht das Leben mit anderen Augen, wie die Menschen in der glücklichen Familie.
Mach doch mal eine kleine Umfrage: Frage zum Beispiel deine Eltern, was für sie Glück bedeutet! Geht es ihnen eher um das *Glück-Haben* oder um das *Glücklich-Sein?*

## Was ist Glück?

### Die drei Fragen

Ein König fragte sich, wie er auf Erden Glück erfahren und Sinn finden könne. Er dachte: »Nichts könnte mir missglücken und alles hätte seinen Sinn, wenn ich nur immer wüsste, was ich tun muss.« So stellte sich der König die drei Fragen:
»Wann ist die beste Zeit, ein Vorhaben zu beginnen?
Mit welchen Menschen will ich zu tun haben und mit welchen nicht?
Welches Vorhaben ist von allen das wichtigste?«

Der König ließ gelehrte Männer zu sich kommen, die ihm mancherlei Antworten auf seine Fragen gaben. Sie nannten sich selbst »Die drei Seher« und jeder von ihnen wollte der Klügste sein.
Auf seine erste Frage nach der besten Zeit antwortete der erste Seher: »Um für jedes Werk die rechte Zeit zu wissen, mache dir einen Plan. Teile das Jahr in Monate, Wochen, Tage und Stunden und lege genau fest, was du wann tun willst. Halte dich streng an den Plan, damit du deine Zeit nicht vergeudest.« Der zweite Seher gab einen anderen Rat: »Überlasse alles dem Zufall. Du musst nur aufmerksam sein und genau hinsehen, dann wird dir schon von Moment zu Moment einfallen, was du zu tun hast.« Noch etwas anderes hob der dritte Seher hervor: »Du schaffst es niemals allein, das ist zu unsicher. Du brauchst viele Berater und vor allem Aufpasser, die für dich alles kontrollieren und die du kontrollieren musst. Du bist der König, die anderen verhelfen dir zu deinem Glück und das wird sie auch ein wenig glücklich machen.«
Ebenso verschieden lauteten die Antworten auf die zweite Frage nach den Menschen, mit denen man zu tun haben möchte. Der erste meinte: »Die wichtigsten Menschen sind deine Politiker, die dir sehr nahestehen und mit dir das Wohl und die Grenzen aller unter Kontrolle haben.« Der zweite widersprach: »Ich halte die Priester und die Ärzte für die Unentbehrlichsten, denn sie bewahren dich und die Menschen vor Krankheit an Leib und Seele. Ohne sie gibt es kein glückliches und gutes Leben!« Der dritte aber hielt dagegen: »Die Soldaten sind die Wichtigsten. Deine Regeln müssen schließlich eingehalten werden. Wer nicht gehorcht, muss deine Strafe fürchten.«
Bei der dritten Frage nach dem wichtigsten Vorhaben gingen alle Antworten durcheinander: »Das wichtigste Werk ist die Wissenschaft, ohne sie kein Fortschritt und keine Entwicklung.« – »Nein, Gott zu ehren ist das Wichtigste im Leben, ohne Religion gibt es keine Menschlichkeit.« – »Ach, du kannst schön daherreden. Die Kunst, Kriege zu führen, hält die Menschheit zusammen. Sonst gibt es nur Chaos.«
Der König verzweifelte: »Ich sehe schon, ihr könnt mir nicht helfen. Jeder sagt etwas anderes und zumeist passt das eine nicht zum anderen.« Er schickte die Seher ohne Belohnung weg und machte sich auf den Weg zu dem alten Weisen, der schon ewige Zeiten allein in einem Wald lebte. Die Weisheit dieses Menschen hatte schon viele beeindruckt. Sein Denken war einfach

und tiefsinnig. Ihn umgab ein Geheimnis, das niemand erklären, aber jeder spüren konnte. Der König hatte sich in ein schlichtes Gewand gehüllt. Er ging zu dem Weisen ohne Pferd und ohne sein Gefolge, wie ein einfacher Mensch. Der Weise grub gerade den Boden in seinem Garten um. Kurz schaute er den König an, begrüßte ihn und grub ruhig weiter. Die Arbeit ermüdete den mageren Alten sehr. Er keuchte vor Anstrengung. Der König trat an ihn heran und stellte seine drei Fragen: »Wann ist die beste Zeit, etwas zu tun? Mit welchen Menschen will ich zu tun haben und mit welchen nicht? Was ist das Wichtigste und muss zuerst getan werden?«

Der Weise hörte dem König gut zu, doch er gab keine Antwort. Schweigend setzte er seine Arbeit fort. »Du bist erschöpft«, sagte der König, »gib mir den Spaten und ruhe dich auf der Erde aus!« Dankbar reichte der Weise dem König den Spaten und setzte sich. Nach einiger Zeit des Grabens hielt der König inne und wiederholte die drei Fragen. Der Weise antwortete nicht und verlangte nach dem Spaten. »Jetzt ruh du dich aus«, meinte er zum König. Der König aber fuhr fort mit dem Umgraben. Es verging eine Stunde, eine weitere und nach der dritten war die Sonne schon fast untergegangen. Da steckte der König den Spaten in die Erde und sagte mit gesenktem Kopf: »Weiser Mann, ich bin zu dir gekommen, um auf meine drei Fragen Antworten zu erhalten. Wenn du mir nicht antworten kannst, so sag es doch, dann kann ich nach Hause gehen.«

»Schau auf, da kommt jemand gelaufen«, erwiderte der Weise, »lass uns sehen, wer es ist.« Der König sah einen bärtigen Mann, der die Hände an seinem Bauch hielt. Mit letzter Kraft schaffte der Bärtige es bis zu den beiden und brach mit lautem Aufschrei vor ihnen zusammen. Warum auch immer: Der Verletzte brauchte dringend Hilfe. Der König wusch und verband die offene Wunde, so dass sie nicht mehr blutete. Er gab dem Durstigen frisches Wasser zu trinken, trug ihn zur Hütte des Weisen. Er legte den Frierenden aufs Bett und deckte ihn zu. Da schloss der Arme die Augen, wurde still und schlief in Frieden ein. Auch der König war so erschöpft, dass er vor dem Bett auf dem Boden in einen tiefen Schlaf fiel.

Als er am nächsten Morgen erwachte, sah ihn der Mann mit leuchtenden Augen an und sagte mit schwacher Stimme: »Verzeih mir bitte!« Der König erwiderte: »Aber ich kenne dich nicht einmal, was sollte ich dir verzeihen?« Der Mann antwortete: »Du kannst mich nicht kennen, aber ich kenne dich.

Ich bin dein Feind, der dir Rache geschworen hat. Wahrscheinlich weißt du gar nichts davon. Aber durch deine Entscheidungen wurde meinem Bruder großes Unrecht angetan und uns wurde unser ganzer Besitz genommen. Ich wollte mich rächen und dich töten und du hast mir das Leben gerettet. Nun will ich dir bis zum Ende meines Lebens treu dienen. Bitte verzeihe mir!«
Da war der König erschüttert über sein eigenes Handeln und zugleich sehr froh über den Frieden mit seinem unbekannten Feind. Gern verzieh er ihm. Er bat ihn sogar um Entschuldigung und versprach ihm, die Güter wieder zurückzugeben und ihm seine Diener und einen Arzt zu schicken. Fast freundschaftlich verabschiedete er sich von dem Mann und trat aus der Hütte heraus. Die Augen des Königs suchten den Weisen und sahen, wie er auf dem umgegrabenen Beet kniete und Gemüsesamen säte.
Vorsichtig trat der König heran: »Weiser Mann, ich bitte dich zum letzten Mal um Antworten auf meine drei Fragen.« »Ja bist du denn blind?«, erwiderte der Weise. »Du hast doch die Antworten längst bekommen.« Der Weise hatte sich aufgerichtet und schaute dem König tief in die Augen. »Hättest du gestern nicht Mitleid mit mir gehabt und wärst nach Hause gegangen, wärst du überfallen und getötet worden. Da war die richtige Zeit also die, in der du die Beete für mich umgegraben hast. Ich war der wichtigste Mensch und das wichtigste Vorhaben war, mir Gutes zu tun. Als dann jener Mann angelaufen kam, war die beste Zeit gekommen, ihn zu pflegen, damit er nicht verblutete, ohne dass er sich mit dir versöhnt hätte. Da war er für dich der Mensch, mit dem du zu tun haben solltest, und das, was du für ihn getan hast, war das wichtigste Werk.
Merke es dir für immer: Die wichtigste Zeit ist der gegenwärtige Augenblick, nur über ihn können wir bestimmen. Der unentbehrlichste Mensch ist der, mit dem uns der Augenblick zusammenführt. Das wichtigste Vorhaben ist, diesem Menschen gerecht zu werden und ihm Gutes zu erweisen.
Jetzt deinem Gegenüber Gutes tun: Das ist die eine Antwort auf deine drei Fragen, was denn das Wichtigste auf der Welt ist. Darum sind wir hier. So können wir glücklich werden und sinnvoll leben.«

*Nach einer Erzählung von Leo Tolstoi*

# Platz da, jetzt kommst du!

## Die vierte leere Seite

# Fünftes Heft

in dem es um die größte Frage der Menschen geht: um Gott. Wie wäre es, wenn wir Gott Fragen stellen oder sogar mit Gott telefonieren könnten? Nele ist dem Geheimnis Gott auf der Spur: in einer Zeichnung, bei einem Experiment mit Staub und Licht, mit einem Spiegelblick in die Unendlichkeit und in vielen Gedichten und Geschichten und eigenen Gedanken. Ein letztes Mal helfen die Pinguine und wir hören von einer Stadt voller Blinder, von einem Elefanten, von einem König und von einem Hirten, bevor sich Nele verabschiedet.

Immer wieder haben wir es im Leben (wie auch in diesem Buch) mit Fragen zu tun. Wir stellen sie selbst und sie werden uns gestellt. Manchmal bekommen wir Antworten, manchmal versuchen und finden wir selbst welche. Die beiden folgenden Gedankenexperimente gehen noch einen Schritt weiter: **Stell dir** zunächst einmal **vor, du begegnest** in diesem Augenblick **Gott und kannst fragen**, was du schon immer von Gott wissen wolltest.

## Was fragst du Gott?

Wer

Wie

Was

Wieso

Weshalb

Warum

Nun stell dir vor, Gott würde dich am Telefon anrufen! Dann könntet ihr richtig miteinander sprechen. Der zehnjährige Alexander hat einmal aufgeschrieben, wie so ein Gespräch aussehen könnte:

## Ein Telefonat mit Gott

Hallo, lieber Gott, hier ist Alexander!

*Das weiß ich doch.*

Ach ja, du bist ja in mir. Hab ich grad mal vergessen.

*Macht nichts. Ist ja auch schwer zu verstehen.*

Es ist überhaupt nicht so leicht mit dir.
Ich kann dich nie sehen und nicht hören.
Wie alt bist du eigentlich?

*Ich war schon vor der Welt. Schon immer.*

Das weiß ich auch. Aber mir ist das wie ein Wunder.

*Da kann ich nichts zu sagen.*

Komisch, du musst es doch wissen. Bist du nun ein Wunder?

*Viel viel mehr!*

*Alexander, 10 Jahre*

## Mein Telefongespräch mit Gott

In meinem ganz normalen Zimmerchaos habe ich einen **zerknitterten Zettel mit einer Geschichte** gefunden, die mir Mama schon vor einigen Jahren erzählt hat. Ich erinnere mich gut daran. Ich hatte sie gefragt: Warum kann ich Gott nicht sehen? Mama hatte gemeint: Mit den Menschen und Gott, das ist wie mit den Blinden und dem Elefanten in einer ganz alten Geschichte …

### Die Blinden und die Sache mit dem Elefanten

In einer großen Stadt waren alle Einwohner blind. Eines Tages besuchte ein König dieses Gebiet und lagerte mit seinem Gefolge in der Wüste vor der Stadt. Er besaß einen großen Elefanten, den alle Menschen bewunderten, die ihn sahen. Auch die Blinden wollten den Elefanten kennen lernen und eine Anzahl von ihnen eilte – wie Narren – zu ihm, um seine Gestalt und Form festzustellen. Da sie ihn ja nicht sehen konnten, tasteten sie ihn mit ihren Händen ab. Jeder berührte irgendeines seiner Glieder, gewann davon eine Vorstellung und bildete sich ein, etwas zu wissen, weil er einen Teil fühlen konnte.

Als sie in die Stadt zurückkehrten, erzählten sie den neugierigen Menschen, die zurückgeblieben waren, etwas über das Aussehen und die Gestalt des Elefanten: Einer, der das Ohr des Elefanten betastet hatte, meinte: »Er ist ein großes, raues Etwas, breit und weit wie eine Decke.« Einer, der den Rüssel betastet hatte, meinte: »Er ist lang und innen hohl, wie eine Röhre.« Und der, der die dicken Beine gefühlt hatte, sprach: »Soweit ich erkennen konnte, ist er mächtig und fest wie eine Säule.«

*Nach einer alten buddhistischen Geschichte*

Den ganzen Elefanten begreift keiner der Blinden und was sie einander erzählen, ist zwar reich an Bildern, aber doch noch recht weit weg von dem Tier, um das es geht. Und doch ist es wichtig, dass sie sich gegenseitig mitteilen, was sie erfahren haben. Wenn sie stumm blieben, würde ihr Interesse am Elefanten sicher bald erlöschen.

Hast du Lust, nun eine »Geschichte über die Menschen und die Sache mit Gott« zu schreiben, vielleicht auf eine der leeren Seiten? So könnte sie beginnen: **»In der Welt konnten die Menschen sehen, aber nicht Gott sehen.** Eines Tages …«

## Du und Gott auf einem Bild

Versuche einmal, deine Beziehung zu Gott auf einem Bild zu zeigen. Du brauchst dafür einen roten und einen blauen Stift. Zeichne zwei Figuren, die rote stellt dich dar, die blaue steht für Gott. Jede Figur soll aus nur einer Linie bestehen, die ganz beliebig verlaufen kann, am Ende aber zu ihrem Anfang zurückkehrt. Es kann also zum Beispiel ein Kreis sein, ein Quadrat, ein Dreieck, ein Ei oder auch der Umriss eines Menschen. Deine Beziehung zu Gott kannst du durch die Form und durch die Größe der beiden Figuren und durch die Entfernung oder die Nähe der Figuren zueinander zeigen. Oder überschneiden sich die beiden

Figuren, ist auf deinem Bild Gott in dir oder du in Gott? Wenn es fertig ist, dann sehe dir dein Bild in Ruhe an! Vielleicht möchtest du aufschreiben, was du mit deiner Zeichnung sagen willst.

## Meine Beziehung zu Gott

# Total normal?

## Experimente zum Staunen

### Staub und Licht sehen und in Worte fassen

Das folgende Experiment führst du am besten gemeinsam mit einer Freundin oder einem Freund, mit Mama oder Papa durch. Ihr braucht eine helle Taschenlampe, ein Staubtuch und einen stockdunklen Raum, vielleicht im Keller oder spät am Abend bei Dunkelheit. Zunächst wischt ihr (zur Überraschung der Eltern) etwas Staub, ohne das Tuch auszuschütteln.
Dann geht ihr in den dunklen Raum, löscht das Licht und leuchtet mit der Taschenlampe unten vom Boden aus gerade hoch an die Decke. Schaltet die Taschenlampe abwechselnd mal an und mal aus. Was ist der Unterschied zwischen Finsternis und Licht? Beschreibt euch gegenseitig, was das eigentlich ist, dieses Licht? Wo kommt es her und wann wird es sichtbar? Wie ist es in Worte zu fassen?

Das ist leichter gefragt als beantwortet und deshalb bekommt ihr nun einen Tipp. Nehmt das Staubtuch und schüttelt es über der Taschenlampe aus, so dass der Staub in den Lichtstrahl fällt. Was seht ihr nun? Ist es nicht wunderschön (wenn man nicht gerade vom Staub in der Nase niesen muss)? Beschreibt es euch wieder gegenseitig mit euren Worten!

Wahrscheinlich habt ihr eine überraschende Erfahrung gemacht. Ich versuche es einmal in Worte zu fassen.

*Ihr habt es mit eigenen Augen gesehen:*
*den starren Lichtbalken und das lockere Treiben*
*der Staubkörner,*

*solange das Licht da war.*
*Als es erlosch, mussten beide vergehen.*
*Sie sind also gar nicht ganz voneinander verschieden:*
*Ohne den Lichtbalken waren die Staubkörnchen nicht zu sehen.*
*Ohne die Sterne aus Staub war kein Lichtbalken da.*
*So also ist das Licht:*
*An sich selber ist es nicht zu sehen,*
*nur an den Dingen und Lebewesen.*
*Und auch die Dinge und lebendigen Wesen*
*sind aus sich selber nicht zu sehen,*
*sondern nur im Licht.*

Wenn ihr nun über diese Erfahrung mit Licht und Staub nachdenkt, kommt euch Ähnliches in den Sinn, was ihr über Gott und die Menschen sagen könnt?

## Gottgleich

In der Kindheit
habe ich das Universum erkannt.
Es war außerordentlich
klein und bewegte sich
in einem Lichtstrahl,
den die Gardine ins Zimmer ließ.
Unzählbare Welten stiegen und
kreisten und sanken. Und ich
blies meinen Atem
in die scheinbare Fülle,
wie Gott
es an meiner Stelle getan hätte.

*Günter Kunert*

## Gott und die Menschen – wie Licht und Staub

# Das geheime Wissen der Pinguine

## Kinderfragen als Schlüssel zur Wahrheit der Welt

Die Geheimnisse der Bilder beim Denken, der runden Erde und des unbewohnten Mondes haben uns die Pinguine erklärt und dabei auch von der Schöpfung und ihren Gedanken und Möglichkeiten erzählt. Aber wo liegt der tiefere Grund für diese Schöpfung? Woher kommt sie? Vielleicht hilft uns die Frage der fünfjährigen Nora Hauck weiter. So wie auch ich als kleines Kind fragt sie und möchte sie begreifen, warum man Gott nicht sehen kann.

### Warum kann man Gott nicht sehen?

Nun, Euer Gnaden, das ist eine große, schwere Frage. Tatsache ist, dass wir Gott nicht sehen können. Und das – so sagen wir Pinguine – ist ein wahrer Segen!

Ich sehe, Euer Gnaden runzeln die Stirne. Gut, dann will ich zuerst erklären, warum wir Pinguine froh sind darüber, dass wir Gott nicht sehen können: Weil wir sonst verrückt würden! Euer Gnaden haben richtig gehört: Wir würden verrückt, wenn Gott nicht unsichtbar wäre.

Gott – um nur *ein* Beispiel zu nennen – ist ewig. Das heißt, ohne Anfang und ohne Ende. Euer Gnaden können einmal probieren, sich das vorzustellen: Ohne Anfang und ohne Ende! Und schon wird uns schwindlig.

Gott ist allumfassend. Wenn wir uns das auch noch vorstellen wollen, *allumfassend*, also gleichzeitig hier und gleichzeitig dort und gleichzeitig überall, gerade jetzt und gestern und morgen und alles zur selben Zeit – Euer Gnaden, das können wir denken und sagen, aber sehen oder begreifen können wir das nicht. Das sprengt uns den Kopf. Das geht über unseren Verstand. Darum sagen wir Pinguine auch, dass man sich an solchen Fragen leicht den Kopf zerbrechen kann. Und weil Gott nicht will, dass wir an ihm verrückt werden, bleibt er lieber unsichtbar. Was aber bedeutet dieses Wort »unsichtbar«? Wir Pinguine sagen, es bedeutet ALLES und NICHTS. Und hier, Euer Gnaden, beginnt die Geschichte, die ich Euch erzählen will:

Vor langer, langer Zeit wurde auf der griechischen Insel Delos ein kleiner Junge geboren. Die Insel Delos ist bekannt für ihren herrlichen weißen Marmor. Der steigt dort in hohen Felswänden aus dem Meer. Der leuchtet weiß bis zum Horizont. Am Fuße einer dieser Felswände krabbelte und spielte der kleine Junge. Keiner wusste so recht, was er dort machte. Bis eines Tages seine Mutter genauer hinsah und erkannte, dass der Kleine damit begonnen hatte, die marmorne Felswand zu bemalen.

Die Mutter staunte. Solange der Junge noch krabbelte, malte er mit Fingern und Federn und Farben nur krabbelndes Getier: Ameisen, Spinnen, Käfer. Auch Lurche und Eidechsen, Tausendfüßler und Würmer.

Als der Junge stehen konnte, malte er weiter oben alles, was stand: Enten, Gänse, Hasen, Rehe, Hirsche, kleine Bäume und zarte Gräser.

Als der Junge sprechen lernte, galt er schon auf der ganzen Insel als ein heiliges Kind. Von weit her kamen die Menschen auf Booten und Eseln, um das Bild dieses kleinen Meisters zu bewundern. »Was malst du da?«, wurde der Junge gefragt. Der Junge sah von seiner Malerei auf und sagte zögernd: »Alles.«

Da erschraken die Eltern des Jungen, denn ALLES zu malen, bedeutet, die ganze Schöpfung malen zu wollen. Das aber bedeutet, GOTT zu malen.

Bald sprach es sich herum, dass der Junge einem heiligen Auftrag folgte. Der malte indessen weiter. Schon sprangen über die Marmorwand größere Tiere: Löwen und Krokodile, Affen und Pferde, Kühe und Elefanten. Mit dem Jungen wuchs auch das Bild. Bald war der Junge zum Mann gereift und er malte noch immer. Er seilte sich jetzt von oben in die blendend weiße Felswand ab und malte das Meer, die Berge, die Wolken, den Himmel. Er malte die Sterne und den Mond. Er malte und malte und malte. Der Junge war schon längst ein Mann in reifem Alter geworden und galt als ein Heiliger, als sein Bild so groß und gewaltig geworden war, dass es fast die gesamte

Felswand bedeckte. Und noch immer malte der Maler, der seinem inneren Auftrag folgte, die gesamte Schöpfung auf die strahlende Marmorwand. Indessen wurde sein Bart zuerst grau und dann weiß. Er spürte sein Ende nahen. Die Kräfte ließen nach. Umso unermüdlicher malte er. Nicht nur am Tag. Auch in der Nacht.

Das verwunderte die Menschen, die den alten Meister auf seinem Brett in der Felswand hängen sahen. Noch mehr aber wunderten sie sich, als der greise Maler nicht mehr nach Farben verlangte, sondern nur noch nach Wasser. Der Meister malte mit Wasser! Er schien nicht zu sehen, wie er mit Wasser und Pinsel sein Lebenswerk Stück für Stück wieder aus der Felswand wusch. »Meister – was tut Ihr da?«, riefen die Menschen entsetzt zu ihm hoch. »Ich vollende mein Werk!«, schallte es aus der Felswand zurück. Und Pinselstrich um Pinselstrich verschwanden die Gestirne, die Meere, die herrlichsten Landschaften aus der Felswand. Hervor trat der strahlend weiße Marmor.

Eines Morgens fand man den Meister am Fuße der Felswand knien. Dort verlöschten die krabbelnden Tiere, die Käfer und Spinnen, die Würmer, die Eidechsen und die Ameisen. Da blieben die Leute bei dem Alten stehen und sahen ihm fassungslos zu. Endlich erhob sich der greise Meister und rief: »Es ist vollbracht!«

Die Menge schwieg beklommen. Sie starrte enttäuscht auf die gleißende Marmorwand.

»Ist es gelungen?«, fragte der Meister zögernd.

»Aber da ist ja nichts mehr zu sehen!«, riefen die Leute durcheinander.

»Nichts zu sehen?«, fragte der Meister. »Ich habe mein Leben lang an diesem Bild gemalt, und ihr sagt, es ist nichts zu sehen? Seid geduldig! Schaut euch das Bild in größter Ruhe an. Nehmt euch Zeit! Es ist vollendet. Alles, was ist, ist in diesem Bild!«

Die aber nahe bei dem greisen Meister standen, sahen, dass dieser erblindet war. Ein Raunen ging durch die Menge: Er sagt, sein Bild sei vollendet. Es wäre alles darauf zu sehen, was ist. Er sagt, man solle nur lange genug sein Meisterwerk betrachten …

Also blieben sie stehen und starrten in die weiße Marmorwand. Und je länger sie starrten, desto höher stieg die Sonne. Gegen Abend waren sie alle blind, die im gewaltigen Bild des Meisters etwas zu erkennen suchten.

Da murrten die Menschen und fragten den Meister: »Was hast du mit uns getan?«
Und der Greis antwortete mit ruhiger Stimme: »Als ich noch sah, war ich blind. Als ich erblindete, begann ich zu sehen.«
»Dann sag uns wenigstens, was du gesehen hast, als du erblindet warst!«, rief die aufgebrachte Menge.
Der Greis zögerte und sagte endlich: »Als ich noch sah, wollte ich alles malen, alles, was ist, die ganze Schöpfung. Und ich malte, wie ihr wisst. Und je länger ich malte, desto verzweifelter wurde ich, denn ich musste erkennen, dass ich nicht in der Lage sein würde, alles, was ist, auch zu malen. So vieles war unsichtbar. So vieles blieb meinen Augen verborgen. Da begann ich, das Unsichtbare zu malen. Und ich suchte nach einer Farbe. Und ich fand diese Farbe im Wasser. Und die unsichtbare Farbe des Wassers löste die sichtbaren Farben auf. Und ich erblindete. Das ist es, was ich gesehen habe.«
Hier, Euer Gnaden, endet die Geschichte von ALLES oder NICHTS. Wir können Gott nicht sehen, weil wir weder ALLES sehen können noch ein NICHTS. Wir können Gott auch nicht begreifen. Und weil wir Gott nicht begreifen können, will er auch nicht, dass die Menschen sich ein Bild von ihm machen. Ein Bild machen, hieße ja, dass wir Gott sehen und erkennen könnten. Wer aber kann das von sich behaupten, ohne zu lügen? Nur darum hat der Maler von Delos ein unsichtbares Bild gemalt. Er wollte nicht lügen. Nur darum sagen die gelehrtesten Pinguine diesen einen bescheidenen Satz: »Ich weiß, dass ich nichts weiß.«

*Reinhardt Jung*

ALLES und NICHTS, Sichtbares und Unsichtbares – **von Gott** lässt sich oft nur **in Gegensätzen** reden. Da wird unser normales Denken auf den Kopf gestellt. Da ist Gott zugleich groß und klein, alt und jung, nah und fern, unbekannt und erfahrbar, still und gesprächig. Da können wir über Gott und zu Gott in Rätseln sprechen. Zu aller Zeit versuchen Menschen das immer wieder. Papa hat solche Versuche für mich aufgeschrieben:

Gott ist eine Frage,
eine Frage, die zu Gott führt.

Ich erkenne dich, Gott, so sehr,
wie du mir unbekannt bist.

So fern bist du mir, mein Gott,
und doch mir näher als ich mir selbst.

Gott ist das Größte und das Kleinste:
das Größte, weil Gott alles umfasst –
das Kleinste, weil Gott in allem ist.

Du, mein Gott, bist zugleich sichtbar und unsichtbar.
Wie du für uns bist, bist du sichtbar.
Wie du wirklich bist, bist du unsichtbar.

Vom wirklichen Gott können wir nichts wissen.
Was wir aber wissen, ist das, was es in uns durch Gott gibt.

Auch in dem folgenden Gedicht redet jemand von Gott in uns und von Gott in Gegensätzen.

## großer gott klein

großer gott:
uns näher
als haut
oder halsschlagader
kleiner
als herzmuskel
zwerchfell oft:
zu nahe
zu klein –
wozu
dich suchen?

wir:
deine verstecke

*Kurt Marti*

Schreibe nun deine Gedanken über Gott in Gegensätzen auf, die zeigen, wie du Gott siehst, denkst und fühlst. Oder du schreibst ein Gottes-Gedicht wie Kurt Marti. Vielleicht helfen dir folgende Gegensätze. Oder fallen dir andere ein?

| | | |
|---|---|---|
| klein | – | groß |
| gut | – | böse |
| weich | – | hart |
| oben | – | unten |
| nah | – | fern |
| traurig | – | froh |
| dunkel | – | hell |
| hoch | – | tief |
| begreifbar | – | unantastbar |

sichtbar – unsichtbar
alles – nichts
schwarz – weiß
kalt – heiß
stark – schwach
arm – reich
eng – weit
allmächtig – ohnmächtig
innen – außen
laut – still
sanft – zornig
kurz – lang
am Anfang – am Ende

## Das beste Bild von Gott

Es ist unmöglich, Gott zu erkennen. Gott ist immer ganz anders. Und doch haben wir als Christen, so weiß ich von Mama und Papa, eine besondere Hilfe, uns Gott vorzustellen: Jesus zeigt uns, wie Gott ist. Er hat es uns in Geschichten und Reden erzählt. Wir können auf seine Worte hören. Er hat es uns vorgelebt. Wir können seine Taten anschauen und ihn als Vorbild sehen. Darüber hinaus haben Christen in Jesus Gott selbst erfahren. Er ist selbst das Bild des unsichtbaren Gottes. Mama hat mir aus der Bibel vorgelesen, wie der Evangelist Johannes im Neuen Testament schon am Anfang seines Evangeliums davon erzählt. Was Johannes schreibt, ist schwer zu verstehen. Lies es einfach als ein schönes Gedicht.

### Gott zeigt sich im Menschen Jesus

Im Anfang war nur das WORT.
Das Wort war nah bei Gott.
Das Wort war GOTT selbst.
Alles ist entstanden durch das Wort, das Gott ist.
Nichts, was ist, ist ohne das Wort, ist ohne Gott.
In die Welt kam das LICHT, das strahlt in jedem Menschen.
ER, der das Licht ist, war in der Welt,
durch ihn ist die Welt geworden.
Das Wort erschien in einem Menschen und wohnte bei uns.
Wir sahen, wie herrlich es war, eine Herrlichkeit war es.
JESUS CHRISTUS brachte uns die Wahrheit.
Niemand konnte Gott jemals sehen.
Jesus ist der einzige Gott, ist Gott selbst
und ruht am Herz des Vaters.
Jesus zeigt uns, wie GOTT wirklich ist.

*Nach Johannes 1,1–18*

Auch zu diesem Gedicht kannst du dein eigenes Gedicht schreiben. Von Papa kenne ich dazu eine gute Hilfe. Ich erkläre es dir Satz für Satz. Es soll ein so genanntes **Rondell-Gedicht** werden, denn es geht wie im Kreis immer wieder von vorn los.
Das Rondell-Gedicht besteht aus acht Zeilen. Suche dir zuerst einen Satz aus dem Gedicht heraus, der dir besonders gefällt, den du wichtig oder schön findest. Das könnten zum Beispiel sein:

»Im Anfang war nur das Wort.«
oder: »In die Welt kam das Licht.«
oder: »Niemand konnte Gott jemals sehen.«
oder: »Jesus zeigt uns, wie Gott wirklich ist.«

Einen solchen Satz schreibst du in die 1., 4. und 7. Zeile deines Gedichtes. Schon ist der Anfang gemacht!
Nun überlegst du dir einen kurzen eigenen Satz zu dem Anfangssatz, vielleicht eine Beschreibung mit deinen Worten oder einen anderen Gedanken dazu. Den Satz schreibst du in die 2. und noch einmal in die 8. Zeile des Gedichtes.
Als Nächstes liest du die ersten beiden Zeilen noch mal durch und führst den Gedanken in der 3. Zeile weiter. Dann schreibst du in die 5. Zeile einen neuen Gedanken zur 4. Zeile und schließlich in die 6. Zeile eine Weiterführung dieses Gedankens.
Falls jetzt noch irgendwas unklar ist: Zwei Kinder zeigen dir in den folgenden Gedichten, wie es gehen könnte, und können dir Mut machen, es selbst zu probieren.

1 In die Welt kam das Licht.
2 In den Wäldern wurde es schöner.
3 Die Menschen wurden fröhlich.
4 In die Welt kam das Licht.
5 Vielleicht war es Jesus.
6 Vielleicht war es Gott.
7 In die Welt kam das Licht.
8 In den Wäldern wurde es schöner.

*Lena*

1 Niemand konnte Gott jemals sehen.
2 Niemand wird Gott jemals sehen.
3 Doch Gott sieht jeden überall.
4 Niemand konnte Gott jemals sehen.
5 Wir freuen uns, Gott sieht uns.
6 Wir weinen, Gott sieht uns.
7 Niemand konnte Gott jemals sehen.
8 Niemand wird Gott jemals sehen.

*Sarah*

1 ______________________________

2 ______________________________

3 ______________________________

4 ______________________________

5 ______________________________

6 ______________________________

7 ______________________________

8 ______________________________

# Die vorgezeigten Dinge

## Was Sachen mir sagen – mit Dingen was denken

### Das Spiegeldreieck – ein Blick in die Unendlichkeit

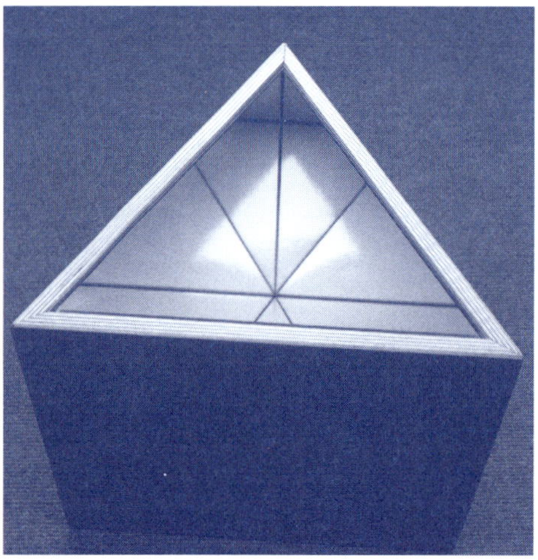

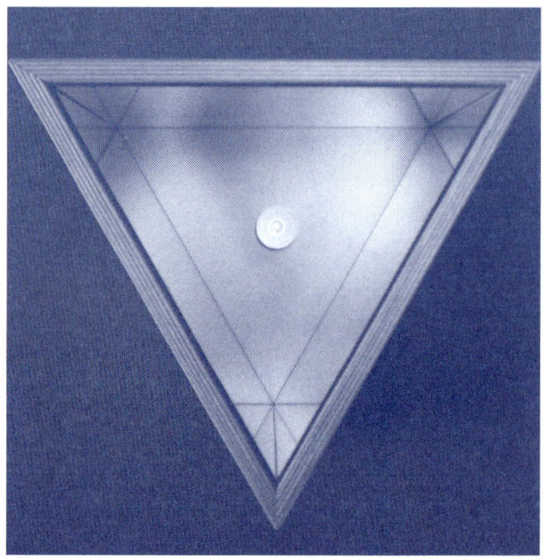

Das ist mein letztes vorgezeigtes Ding. – Am Anfang war da die *Sanduhr*, ein Bild für die Zeit, die in unserem Leben verstreicht und die wir nie so ganz verstehen können. Dann folgte das *Labyrinth*, ein Bild für unser Leben als ein Weg in die Mitte, den wir immer weitergehen. Darauf sahst du das *Globusspiel*, das zeigt, dass die Erde und die Wege auf ihr so wie wir selbst nicht vollkommen sind, dass aber trotzdem die Mitte zu finden ist, wenn man um die eigenen Fehler und Macken weiß. Und nun zeige ich dir dieses Ding aus drei gleichen, miteinander verbundenen und innen verspiegelten Holzteilen, das nach unten und nach oben offen ist. Ich nenne es mein *Spiegeldreieck*. Wenn es mit einer offenen Seite auf dem Boden steht und ich von oben hineinschaue, werden der Boden und die Spiegelflächen immer wieder neu gespiegelt: Ein weiter Raum entsteht. Unendlich erscheint diese Weite aus den sich spiegelnden Spiegeln. Das ist besonders schön anzuschauen, wenn man auf den Boden eine kleine Kerze stellt. Auch sie wird unzählige Male gespiegelt. Aus einer einzigen Kerze wird ein Lichtermeer.

Mit Papa zusammen habe ich entdeckt, dass dieses Spiegeldreieck ein schönes Bild dafür ist, wie Gott bei uns Menschen ist. Ich hatte Papa gefragt, warum wir eigentlich vom »dreifaltigen« Gott sprechen. Er hat zunächst versucht, es mir mit Worten zu erklären: Wir Christen verehren Gott – zum Beispiel, wenn wir ein Kreuzzeichen machen – im Namen des Vaters und des Sohnes und des Heiligen Geistes, denn der eine Gott ist dreifaltig oder besser gesagt: dreieinig, also auf dreifache Weise als einer da. Gott ist *ein* Wesen in *drei* Personen.
Ich guckte Papa wohl etwas irritiert an, so dass er noch weiter ausholte: Die Israeliten hatten Gott als einen Einzigen erfahren. Sie glaubten nicht mehr an viele Götter, sondern an den einen Gott mit dem Namen Jahwe, das heißt »Ich bin der ICH-BIN-DA«. Auch für Christen war

und ist das die Grundlage ihres Glaubens. Die Christen glauben zudem, dass der eine Gott in sich selbst verschieden ist, dass Gott auf drei verschiedene Weisen da ist:

Gott ist im Vater als Geheimnis über und um uns.
Gott ist in Jesus Christus bei und mit uns.
Gott ist im Heiligen Geist in uns.

Dieses Geheimnis wird aber niemals ein Mensch begreifen können. Doch wir suchen nach Bildern, um es zumindest ein bisschen zu verstehen. Das Spiegeldreieck kann uns da vielleicht helfen, meinte Papa, nahm das Teelicht heraus und legte stattdessen die drei Sätze hinein.

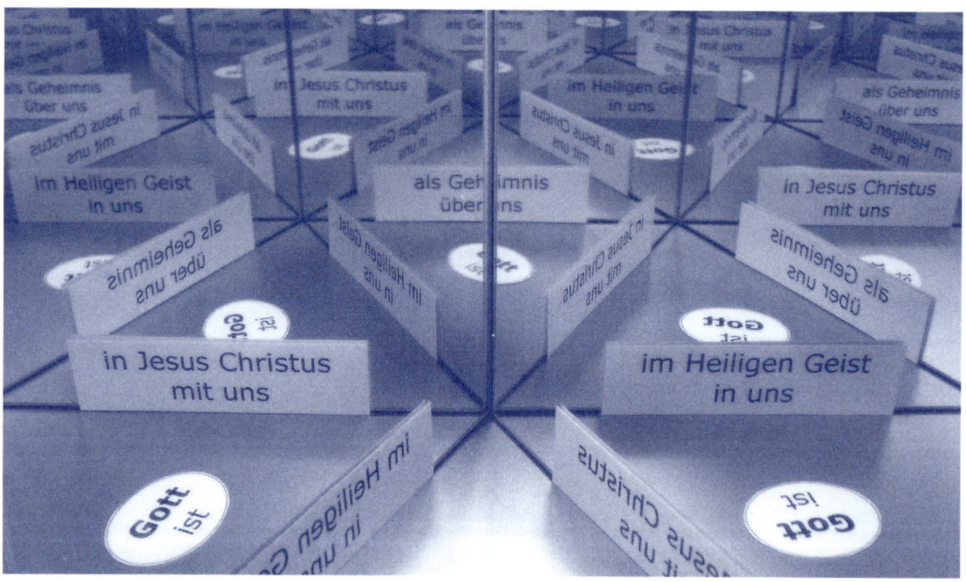


Nach Papas etwas langem Vortrag habe ich mir das Spiegeldreieck noch mal mit anderen Augen angeguckt. Es ist tatsächlich eine Hilfe, um über die Dreieinigkeit Gottes nachzudenken. Stell dir vor, die drei Seiten stehen für die drei Weisen Gottes, bei uns da zu sein, als Vater,

Sohn und Heiliger Geist. Jede Seite ist für sich allein schon etwas, aber erst zusammen ergeben sie diese Weite, diesen unendlichen Raum. Doch diese Unendlichkeit kann ich nicht sehen. Irgendwann komme ich an ein Ende, weil ich ja von außen knapp oberhalb der Holzkante hineinschaue. Ich habe sozusagen ein Brett vor dem Kopf. Auch wenn ich den Kopf in die Öffnung stecke, kann ich die Unendlichkeit nicht sehen. Denn dann sehe ich mich selbst. Ich bin mir selbst im Weg, die Unendlichkeit zu entdecken. Aber ich habe eine Ahnung gewonnen von der Weite und Größe des Raumes.
Findest du deine eigenen Worte, um die Dreieinigkeit Gottes zu umschreiben?

## Vom König, der Gott sehen wollte

Es lebte einst ein König, der bereits die ganze Welt kennen gelernt hatte. Doch er war alt geworden und sah sein Leben zu Ende gehen. »Alles habe ich gesehen, gehört und erfahren«, klagte er, »nur eins war mir nicht möglich. Niemals habe ich Gott gesehen. Das soll, nein das muss noch geschehen vor meinem Tode.«
Deshalb rief er die mächtigsten Leute seines Landes, die Reichen, die Weisen und Priester zu sich und befahl ihnen: »Zeigt mir Gott! Ich gebe euch drei Tage Zeit. Wenn ihr es nicht schafft, droht euch der Tod.«
Da wurden alle im Palast traurig und erwarteten ihr Ende, denn niemand wusste, wie sie ihrem König Gott zeigen könnten. Als der König nach drei Tagen die Verzweifelten zu sich rief, schwiegen sie und konnten ihm nicht helfen. Da kam ein Hirte vom Lande, der den Befehl des Königs vernommen hatte, und sprach: »Erlaube mir, König, deinen Wunsch zu erfüllen.« »Gut«, entgegnete der König, »aber bedenke, es geht um dein Leben!«
Der Hirte führte den König hinaus aus dem Palast und zeigte weit hinauf zum Himmel. »Erhebe deinen Kopf und schau dir ganz genau die Sonne an«, forderte er den König auf. Der wollte in die Sonne blicken, aber Helligkeit und Glanz blendeten seine Augen, so dass er sie schließen musste. »Willst du, dass ich erblinde?«, fragte er empört den Hirten. »Aber König!«,

sprach der einfache Mann, »die Sonne ist doch nur ein geschaffenes Ding, ein bescheidenes Werk der Schöpfung, ein kleiner Funke des göttlichen Lichtes. Und du willst mit deinen schwachen Augen Gott sehen? Suche ihn mit anderen Augen!«

Das gefiel dem König und er fragte weiter: »Ich erkenne deine Weisheit und sehe die Größe deiner Seele. Sage mir nun: Was war vor Gott?« Der Hirte dachte lange Zeit nach und sprach: »Beginne zu zählen!« Der König begann: »Eins, zwei, drei ...« »Nein«, unterbrach ihn der Hirte, »so nicht, beginne mit dem, was vor eins kommt!« »Wie sollte ich das können?«, entgegnete der König, »Vor ›eins‹ gibt es doch nichts.« »Du sprichst sehr weise«, lobte der Hirte den König, »auch vor Gott gibt es nichts.«

Diese Antwort gefiel dem König noch besser. »Ich werde dich reich beschenken«, versprach er dem Hirten, »wenn du mir noch eine letzte Frage beantworten kannst: Was macht Gott?« Der Hirte bemerkte, dass das Herz des Königs weich geworden war. »Gut«, sagte er, »ich will dir auch darauf antworten. Aber vorher bitte ich dich: Lass uns für kurze Zeit die Kleidung tauschen!«

Da legte der König die Gewänder und die Zeichen seiner Macht ab und bekleidete damit den Hirten. Er selber aber zog den einfachen Hirtenmantel an und hängte sich seine Tasche um. Da setzte der Hirte sich auf den Königsthron, ergriff das Zepter und zeigte damit auf den König in seiner armseligen Kleidung: »Siehst du, das macht Gott! Die einen erhebt er auf den Thron, die anderen lässt er herabsteigen. Gott wurde in Jesus sogar selbst ein Mensch, stieg herab vom Thron, kam als kleines Kind in einem Stall zur Welt und ließ sich aus Liebe zu den Menschen wie ein Verbrecher kreuzigen.«

Diese Worte brannten in der Seele des Königs. Lange stand er in Gedanken versunken da. Er hatte um alles in der Welt Gott sehen wollen. Und nun erkannte er sich selbst und rief voller Freude: »Jetzt schaue ich Gott!«

*Nach einer Erzählung von Leo Tolstoi*

Diese Geschichte mag ich sehr, denn der König steht am Ende ohne Macht, klein und dumm da, und doch ist er gewachsen und viel klüger als am Anfang.

Der König lernt durch den Hirten und verändert sich selbst dabei:

Gott ist nicht zu sehen und zu verstehen und doch zu erfahren.

Gott ist immer größer und doch im Kleinsten zu entdecken.

Gott ist vor allem Anfang schon da und doch ohne Ende.

Gott ist der ganz Andere und bei Gott wird vieles anders.

Gott ist

Gott ist

Gott ist

Gott kann man nicht sehen, aber man kann ihn spüren.
Gott kann mir helfen. Ich finde Gott in allem Guten, was ich tue.
Gott ist wie eine Mutter oder ein Vater,
kümmert sich um mich,
wacht über mich, wenn ich schlafe,
beschützt mich, ist immer bei mir.
Gott schenkt mir Wärme und Geborgenheit.
Gott hat keine feste Gestalt. Gott ist bei allen.
Niemand weiß, wie Gott aussieht.
Uns bleiben nur Vorstellungen.

*Thekla Hamm, 9 Jahre*

Ja, uns bleiben nur Vorstellungen. Aber **die Kraft unserer Vorstellungen ist** erstaunlich. Die folgenden zwei Gedichte zeigen das. Eine erwachsene Frau, die manchmal auch Texte für Kinder geschrieben hat, und ein zehnjähriger Junge stellen sich die Frage nach Gott. Die beiden haben sich nicht gekannt. Die Frau war nämlich schon viele Jahre tot, als der Junge zur Welt kam. Und doch scheint der Junge der Frau eine Antwort vorzuschlagen. Die Erwachsene und das Kind, beide sind sie Dichter, die Fragen stellen und um Antworten ringen! Auch du wirst ein letztes Mal in diesem Buch Fragen stellen und nach Antworten suchen, wenn du es ihnen nachmachst und dabei dein eigenes Gedicht entdeckst. Lies und schreibe selbst!

**Irgendwer**

Einer ist da, der mich denkt.
Der mich atmet. Der mich lenkt.
Der mich schafft und meine Welt.
Der mich trägt und mich hält.
Wer ist dieser Irgendwer?
Ist er ich? Und bin ich Er?

*Mascha Kaléko*

**gott ob en gott unten**

schaust du nach oben
siehst du ihn
der dich wärmt und schützt
schaust du nach unten
siehst du ihn
der dich hält und dich stützt

*Eric, 10 Jahre*

## Ein Gedicht
## über Gott, die Welt und mich

Nun geht unsere Lese-, Schreib-, Bilder- und Gedankenreise zu Ende. Beim ICH haben wir angefangen, zum DU und zum WIR sind wir hingekommen und bei GOTT sind wir angekommen. Das ist wohl kein Zufall. Wer nach sich fragt, schaut auch auf die anderen Menschen und kann dabei erfahren, wer und wie Gott ist. Und wer Gott erfährt, weiß mehr über sich und die anderen. Wer sich selber mag, der kann auch Gott, die anderen Menschen und das ganze Leben lieben. Und wer Gott gern hat, wird sich, die anderen und das Leben mögen.

Nachdem du dich am Anfang vorgestellt hast (Seite 8), habe ich die Frage gestellt: Ist Gott im Universum oder ist das Universum in Gott? (Seite 9) Ist **Gott in mir oder ich in Gott?** Ich denke und glaube:

*Gott ist nicht über der Welt,*
*überirdisch über den Wolken.*

*Gott ist nicht hinter der Welt,*
*in einer anderen als unserem Universum.*

*Gott ist nicht selbst die Welt,*
*denn die Welt ist von Gott.*

*Gott aber ist in der Welt,*
*sonst könnten wir Gott nicht erfahren,*
*uns Gott nicht vorstellen,*
*nicht von Gott sprechen.*

*Deshalb ist Gott auch in mir,*
*mir näher, als ich es selber sein kann.*

*Und zugleich ist die Welt in Gott,*
*denn Gott ist immer größer als alles,*
*was wir kennen und was es gibt.*

*Ich bin also auch in Gott,*
*so wie ein Sandkorn in der Wüste,*
*wie eine Zelle im Körper,*
*wie ein Tropfen im Meer,*
*wie ein Stern im All.*

*Ich werde Gott weiter suchen.*
*Und manchmal kommt es mir vor,*
*als würde Gott zu mir sagen:*
*Du würdest mich schon lange nicht mehr suchen,*
*wenn du nicht schon etwas von mir gefunden hättest.*

Jetzt aber ist es Zeit, auf Wiedersehen (oder -lesen oder -schreiben) zu sagen. Und wie bei jedem Ende wirst du dich dabei an den Anfang erinnern.

Hiermit verabschiedet sich
einer von über acht Milliarden Menschen auf der Erde

aus der Milchstraße,
eine von über 100 Milliarden Galaxien im Universum,

aus dem Planetensystem der Sonne,
einer von 100 bis 300 Milliarden Sternen in unserer Galaxie,

von der Erde,
einer von acht Planeten in unserem Sonnensystem,

vom Erdteil Europa,
einer von sieben Erdteilen auf unserer Welt,*

aus der Bundesrepublik Deutschland,
eins von mehr als 45 Ländern auf meinem europäischen Erdteil,

aus Aachen,
einem von ungefähr 15.000 Orten und Gemeinden in meinem Land,

aus dem Quellenweg,
einer von über 1300 Straßen in meinem Ort.

Ich sage Tschö und Adieu, Tschüss und Ade, leb wohl und grüß Gott!
Deine Nele mit den besten Grüßen von Papa

* Europa, Asien, Afrika, Nordamerika, Südamerika, Australien (mit Ozeanien) und Antarktis.

# Papas Heft

in dem Neles Vater aufgeschrieben hat, wie Nele auf die Welt und ins Buch kam und wie man sich in Neles Tagebuch am besten zurechtfindet, aus welchen Büchern die vielen Bilder, Gedichte und Geschichten stammen und was man sonst noch so über das Buch wissen sollte.

# Gibt es Nele wirklich?

Diese Frage ist mir oft gestellt worden, meistens von Kindern, wenn ich ihnen aus Neles erstem Buch vorgelesen habe. „Natürlich", war meine Antwort, „es gibt doch sogar ein Buch von ihr!"
Es ist verwunderlich, aber jemand kann tatsächlich in Büchern geboren werden und leben. Denn ein Buchmensch existiert in den Köpfen und Herzen vieler Leserinnen und Leser. Zuallererst lebte Nele in mir. Ich habe sie vor einigen Jahren zur Welt gebracht und sie meldete sich dann auch ungefähr ein Jahr nach dem ersten Buch wieder bei mir und meinte, es solle doch jetzt bitte mit ihr weitergehen. Ich habe Nele nach einigem Überlegen Recht gegeben und mit ihr weitergedacht und gelebt, mir dann aber viel Zeit gelassen und Nele um Geduld gebeten. Zuerst wollte ich nämlich eine Bibel für so wache und kluge Menschen wie Nele schreiben. So entstand „Die Bibel für Kinder und alle im Haus".
Dann jedoch konnte Nele nicht mehr warten und hat mich überzeugt. Jetzt ist das Buch fertig und es liegen zwischen dem ersten und dem zweiten Nele-Buch mehr als drei Jahre. Nele aber ist nur ein Jahr älter geworden. Erstaunlicherweise ist das bei Buchmenschen problemlos möglich.
Nele gibt es aber auch nur deshalb, weil es viele andere Kinder gibt, die ich kenne und mit denen ich zu tun habe. In Nele leben auch diese Kinder. Ich habe oft Worte dieser Kinder Nele in den Mund gelegt. Und darüber hinaus habe ich einige Kinder direkt sprechen lassen: Pauline, Anna Christina, Alexander, Lena, Sarah, Thekla und Eric danke ich für ihre schönen Texte. Stellvertretend für alle anderen Kinder bedanke ich mich bei meiner Tochter Lena und bei meinem Sohn Daniel für die Gespräche über Gott und die Welt, über Nele und dieses Buch. Mein Dank gilt zudem Mascha Greune für die wunderbaren Illustrationen, Margarete Stenger stellvertretend für alle im Kösel-Verlag für die großartige Unterstützung sowie Lena, meiner Frau Ruth, Ulla und Alois Mayer für ihr hilfreiches Erstlesen.

Was mit einem Buch geschieht, wie es gelesen wird und was die Leserinnen und Leser davon halten, ist für jeden Autor spannend. Ich bin darüber hinaus neugierig, welche eigenen Gedanken du und die anderen Leser haben und was du und die anderen in „Neles Tagebuch" oder in ein eigenes Buch hineinschreiben. Wenn du möchtest, kannst du mir deinen eigenen Lieblingstext gern schicken. Ich verspreche dir: Ich werde ihn lesen!
Meine E-Mail-Adresse für deinen Text lautet: R.Oberthuer@gmx.de

Klare Gedanken und gute Fragen ein Leben lang wünscht dir Neles Papa,

*Dein Rainer Oberthür*

# Kleine Suchhilfe

**Die Gedichte**



**Selber schreiben und malen**

**Texte von anderen Kindern**



**Total normal?**
**Experimente zum Staunen**



**Einfach tierisch**
**Fragen nach Woher und Wohin, nach Warum und nach Sinn**



**Das geheime Wissen der Pinguine**
**Kinderfragen als Schlüssel zur Wahrheit der Welt**



**Die vorgezeigten Dinge**
**Was Sachen mir sagen – mit Dingen was denken**



**Platz da, jetzt kommst du!**
**Die leeren Seiten**

# Quellenverzeichnis

Hier ist aufgeschrieben, in welchen anderen Büchern ich die Texte und Bilder für mein Tagebuch gefunden habe.

## Texte


Seite 150 – Fredrik Vahle: Gedicht vom Ich
Aus: ders., Der Himmel fiel aus allen Wolken. Gedichte. Beltz&Gelberg, Weinheim/Basel 1994, S. 8–12 © Bärbel Vetter-John, Wald-Michelbach

Seite 153 – Heinz Kahlau: Wer bist du?
Aus: ders., Sämtliche Gedichte und andere Werke (1950–2005), Aufbau-Verlag, Berlin 1981, 2005

Seite 161 – Jürg Schubiger: Warum das Kamel einen müden Blick hat
Aus: ders., Als die Welt noch jung war. Beltz&Gelberg, Weinheim/Basel, S. 70f.

Seite 164 – Reinhardt Jung: Warum sieht man beim Denken Bilder?
Aus: ders., Das geheime Wissen der Pinguine, Band 2. Jungbrunnen Verlag, Wien 1994, S. 61–65

Seite 169 – Peter Härtling: Geschichte vorm Schlaf
Aus: ders., Die kleine Welle © Radius-Verlag, Stuttgart 1987, S. 29–31

Seite 171 – Jürg Schubiger: Die vorgezeigten Dinge
Aus: ders., Als die Welt noch jung war. Beltz&Gelberg, Weinheim/Basel, S. 31–33

Seite 175 – Gerhard Schöne: Irgendwann
Aus: ders., Wohin soll die Nachtigall. Liedertexte. Henschelverlag, Berlin 1990, S. 117

Seite 178 – Gioconda Belli: Niemand sucht aus
Aus: dies., Wenn du mich lieben willst. Peter Hammer Verlag, Wuppertal 2000

Seite 182 – Gerhard Schöne: Ich schreibe in mein Tagebuch
Aus: ders., Wohin soll die Nachtigall. Liedertexte. Henschelverlag, Berlin, 1990, S. 215f.

Seite 186 – Pauline, 12 Jahre: Wie die Schule entstanden ist
Aus: Ute Andresen, Ausflüge in die Wirklichkeit. Beltz Verlag, Weinheim/Basel 2000

Seite 188 – Pablo Casals: Und was bringen wir unseren Kindern in der Schule bei?
Aus: ders., Licht und Schatten auf einem langen Weg © S. Fischer Verlag, Frankfurt/M. 1986, S. 220

Seite 192 – Gianni Rodari: Die falsch erzählte Geschichte
Aus: ders., Das fabelhafte Telefon © Verlag Klaus Wagenbach, Berlin 1997, S. 65f.

Seite 195 – Gianni Rodari: Die große Weltgeschichte
Aus: ders., »Hallo, hier ist Papa!« Telefongeschichten. Rowohlt, Reinbek 1975, S. 137

Seite 201 – Jürg Schubiger: Hört-das-Gras-wachsen
Aus: ders., Als die Welt noch jung war. Beltz&Gelberg, Weinheim/Basel, S. 103f.

Seite 203 – Jürg Schubiger: Woher die Tiere ihren Namen haben
Aus: ders., Als die Welt noch jung war. Beltz&Gelberg, Weinheim/Basel, S. 108–110

Seite 206 – Martin Auer: Tischrede
Aus: Hans-Joachim Gelberg, Überall und neben dir. Beltz&Gelberg, Weinheim/Basel, S. 95

Seite 210 – Erwin Moser: Die Geschichte vom Holzwurm
Aus: Hans-Joachim Gelberg, Eines Tages. Beltz&Gelberg, Weinheim/Basel, S. 65f

Seite 214 – Reinhardt Jung: Warum ist die Erde rund?
Aus: ders., Das geheime Wissen der Pinguine, Band 1. Jungbrunnen Verlag, Wien 1993, S. 58–61

Seite 221 – Jürg Schubiger: Das Ausland
Aus: ders., Das Ausland. Peter Hammer Verlag, Wuppertal 2003

Seite 227 – Reinhardt Jung: Warum gibt es auf dem Mond keine Menschen?
Aus: ders., Das geheime Wissen der Pinguine, Band 1. Jungbrunnen Verlag, Wien 1993, S. 24–28

Seite 234 – Rose Ausländer: In dir
Wie ein Tag aus Glut und Wind. Gedichte 1980–1982 © S. Fischer-Verlag, Frankfurt/M. 1986, S. 50

Seite 240 – Kirsten Boie: Was war zuerst da?
Aus: Der bunte Hund. Magazin für Kinder in den besten Jahren, Beltz&Gelberg, Weinheim, Nr. 50/1998, S. 28–32 © Verlag Friedrich Oetinger, Hamburg

Seite 246 – Mascha Kaléko: Sinn und Unsinn
Aus: dies., In meinen Träumen läutet es Sturm © dtv Verlagsges., München 1977, S. 144

Seite 255 – Christine Nöstlinger: Eine glückliche Familie
Aus: Hans-Joachim Gelberg, Was für ein Glück. © Beltz&Gelberg, Weinheim 1993

Seite 270 – Günter Kunert: Gottgleich
In: ders., Nachtvorstellung. Gedichte. Carl Hanser Verlag, München/Wien 1999, S. 31

Seite 272 – Reinhardt Jung: Warum kann man Gott nicht sehen?
Aus: ders., Das geheime Wissen der Pinguine, Band 1. Jungbrunnen Verlag, Wien 1993, S. 62–66

Seite 277 – Kurt Marti: großer gott klein
Aus: ders., Werkauswahl in fünf Bänden, Bd. 5. Verlag Nagel & Kimche AG, Zürich, 1996, S. 243

Seite 288 – Mascha Kaléko: Irgendwer
Aus: dies., In meinen Träumen läutet es Sturm © dtv Verlagsges., München 1977, S. 84

**Bilder**

Seite 144 – Ohne Titel
Aus: Michael Krüger/Quint Buchholz, Wer das Mondlicht fängt. Bilder und Gedichte. Sanssouci im Carl Hanser Verlag, München/Wien 2001, S. 44

Seite 147 – Tafel mit Schulübungen aus Mesopotamien
Aus einem griechischen Wachstafelbuch © Bildarchiv Preußischer Kulturbesitz, Berlin

Seite 229 – Aufgang der Erde vom Mond
Aus: Der Heimatplanet, hg. von Kevin W. Kelley im Auftrag der Association of Space Explorers. Verlag Zweitausendeins, Frankfurt/M., [28]1993, Bild Nr. 45

Seite 231 – Andromedanebel
Aus: Govert Schilling, Vom Urknall in die Unendlichkeit. Kosmos-Verlag, Stuttgart 2004, S. 134 (Fotografie mit dem 0,9 cm Teleskop auf der Kitt-Peak-Sternwarte in Arizona; T.A Rector und B.A. Wolpa, NOAO/AURA/NSF

Seite 235 – Strahlentierchen
Aus: France Bourély, Unsichtbare Welten. Von der Schönheit des Mikrokosmos. Gerstenberg Verlag, Hildesheim 2002, S. 9

Alle Fotos von den »vorgezeigten Dingen« habe ich selbst fotografiert.

Folgende Texte und Übungen sind aus Anregungen anderer entstanden:

Seite 155 – Sich selbst beim Namen nennen
Eigener Text, angeregt durch Ideen von Roger-Pol Droit, in: ders., Fünf Minuten Ewigkeit. 101 philosophische Alltagsexperimente. Verlag Hoffmann und Campe, Hamburg 2002

Seite 158 – Die Geschichte von den zwei Taschen
Geschrieben in Anlehnung an: Die Erzählungen der Chassidim, hg. von Martin Buber. Manesse, Zürich 1992, S. 746

Seite 179 – Die Zeit anders denken
Nach Alan Lightman, Und immer wieder die Zeit. Knaur, München 2004

Seite 190 – Der ohnmächtige Elefant
Eigener Text, angeregt durch Jorge Bucay »Der angekettete Elefant« in: ders., Komm, ich erzähl dir eine Geschichte. Ammann, Zürich 2005

Seite 196 – Der Schlüssel zum Himmel
Sufi-Tradition. Eigene Erzählung, angeregt durch eine Fassung von Joachim-Ernst Berendt in: Geschichten wie Edelsteine. Kösel, München 1996, S. 161f.

Seite 197 – Eine Geschichte über das Geschichtenerzählen
Angeregt durch: Marc-Alain Ouaknin, Die große Welt des jüdischen Humors © Gütersloher Verlagshaus, Gütersloh 1998

Seite 200 – Die Luft einatmen und ausatmen
Angeregt durch einen Text in: Arnold Benz, Die Zukunft des Universums. Zufall, Chaos, Gott? Dtv, München 2001, S. 75ff.

Seite 205 – Ein Wort fremd und sinnlos reden
Eigener Text, Ursprung s. S. 23

Seite 212 – Fragen
Aus Pablo Neruda, Das lyrische Werk in 3 Bänden. Luchterhand, München 1986 © Pablo Neruda and Heirs of Pablo Neruda

Seite 220 – Wo Himmel und Erde einander berühren
Russische Tradition. Eigene Erzählung, angeregt durch eine Fassung von Joachim-Ernst Berendt in: Geschichten wie Edelsteine. Kösel, München 1996, S.27

Seite 223 – Die Henne und ihre kleinen Enten
Eigener Text, angeregt durch »Das Huhn und die kleinen Entlein« in Jorge Bucay: Komm, ich erzähl dir eine Geschichte. Ammann, Zürich 2005

Seite 233 – Auf die Sterne heruntersehen
Eigener Text, Ursprung s. S. 23

Seite 247 – Katalog der Welt
Nach einer Idee von Jostein Gaarder, »Der Katalog«, in: Der seltene Vogel. Dtv, München 1997, S. 223ff.

Seite 249 – Sieben Fragen
Entnommen aus: Hans Kasper, »Elf Fragen«, in: Hartmut von Hentig (Hg.), Meine deutschen Gedichte. Kallmeyer, Seelze 1999, S. 419

Seite 251 – Globusspiel
Die Erfindung von Cusanus wurde durch Bernhard Böttge neu belebt.

Seite 253 – Zwei Luftballons, zwei Kinder, eine Erde und ein Augenblick
Nach Motiven von Joachim-Ernst Berendt.

Seite 257 – Die drei Fragen
Eigener Text, nach einer Erzählung von Leo Tolstoi in: Volkserzählungen und Jugenderinnerungen, hg. von Josef Hahn. Winkler, München 1961

Seite 266 – Die Blinden und die Sache mit dem Elefanten
Zen-Tradition, Eigene Erzählung.

Seite 267 – Du und Gott auf einem Bild
Nach Hubertus Halbfas in: Sprung in den Brunnen. Patmos, Düsseldorf 1981, S. 110

Seite 269 – Staub und Licht sehen
Angeregt durch: Martin Wagenschein .

Seite 285 – Vom König, der Gott sehen wollte
Eigener Text, Ursprung s. Text S. 257

Lieder und Briefe
für alle im Haus
Rainer Oberthür
Carolin Obieglo
Andreas Obieglo
WAS GLAUBST DU?
Briefe und Lieder zwischen Himmel und Erde
Kösel
»Was glaubst du?« Ein Leben lang stellen wir uns dieser Frage. Rainer Oberthür schreibt persönliche Antworten auf Briefe von Kindern, die die großen Fragen der Menschheit berühren. Die 16 Lieder der etablierten Band *Carolin No* eröffnen auf der beigefügten CD eigene Frage- und Sinnhorizonte und spiegeln die Themen der Briefe auf eigene Weise.
Kösel
www.koesel.de